COLECCIÓN

Versos, Estampas y Reflexiones

Estampas Cubanas

Segunda Edición
2007

Emilio A. Cosío R.
Miami, Florida

ESTAMPAS CUBANAS

EMILIO A. COSÍO R.
COPYRIGHT 2004
TXu 1-211-899

ISBN: 978-0-6152-0271-6

DISEÑO DE CUBIERTA: LUIS ORDOÑES

Prólogo
El Rebelde

El llamado Ejército Rebelde de cuba (es penoso, pero el nombre de nuestra Patria se debe escribir ahora con inicial minúscula) no tiene nada que ver con el sentido real del adjetivo, que correctamente aquí se le da a Emilio Cosío Romeu. El primero podría ser un producto gregario de la mente *orwelliana*. El adjudicado a Emilio es individualista, realista, liberatorio y hasta algo libertario. Fácilmente se verá por qué.

Muy pocas veces tiene alguien la posibilidad, la oportunidad, ¿el privilegio?, de escribir sobre una persona a la que conoce, y cree que bien, hace más de medio siglo. Este es mi caso y, claro está, me alegra mucho y la aprovecho. Aquí tenemos dos aspectos de una misma cosa. El individual, personal y el relativo a su producción intelectual, que tenemos en las manos. Estas dos cuestiones de una sola personalidad están tan íntimamente unidas que me rindo ante la imposibilidad de separarlas. Sé, creo, bastante de la primera y lamento confesar que es todavía muy, pero que muy limitado mi conocimiento de la segunda.

Después de una observación cuidadosa de la personalidad de Emilio, el calificativo que más le encaja es el de rebelde. Es evidente su positiva terquedad, su decidida obstinación, su clara inteligencia a flor de piel, su loable lealtad, pero la rebeldía es su característica predominante, aunque otras se manifiesten con facilidad.

Seamos sinceros y tratemos de ser objetivos. Emilio procede de un lugar en apariencia insignificante, si pensamos a nivel mundial, situado en uno de los países más pequeños, y hasta parece que alejados, del Mundo. Claro está que la cercanía es algo relativo. Sus ciudadanos, dentro y fuera de sus fronteras nacionales, se las agencian con éxito para causar repercusiones que van mucho más allá de lo que su extensión superficial y su actual pobre impacto político y económico les atribuirían en importancia. Por suerte para Emilio, no están en conflicto sus calidades y cualidades de camagüeyano y cubano.

Muchos y más que muchos, en tantos países de varios continentes, sufren el triste destino de haber nacido en una región/enclave y pertenecer a un país enemigo que la rodea. Los cubanos tenemos la suerte de poder ser profundamente regionalistas y al mismo tiempo nacionalistas empedernidos, de una manera ya bastante incomprensible en muchos lugares, espacios, de la Tierra. Aunque sin referirse al Tercer Mundo, al que Cuba y cuba pertenecen, Morgenthau dijo alguna vez que "el nacionalismo empieza por el amor al propio país, al que le sucede el amor—imperialismo—por otros países". Algunos se quejan de que Cuba no haya tenido Edad Media. Con esto, dicen, le falta una base útil para su desarrollo posterior. Quizás éste sea el motivo por el que los cubanos todavía consideremos el regionalismo y el nacionalismo como algo positivo, mientras que en tantos otros países y regiones se les condena, al menos de palabra.

Para adquirir estudios universitarios, Emilio se vio forzado a dejar su entorno regional original, familiar, conocido, Camagüey, y a entrar en otro mucho más amplio y complejo, La Habana. Es necesario apuntar que se trata de antes, aunque poco, de la mitad del siglo XX. Cuba era un país, como tantos otros, y un mundo, sin tanto de lo que ahora se considera como *progreso*, aunque se limite su significado al aspecto material y tecnológico, y sus regiones—parte de su capital y el resto del país—tenían un desarrollo desigual, cojo.

Emilio dominaba su mundo de origen y se movía con toda precaución en el para él nuevo y mucho más amplio entorno en el que le había tocado vivir—¡*tin marín de dos pingüé,* que le podría haber cantado en sus primeros años un compañerito de juegos—¡*te toca estar en La Habana y adelante, que es tu destino*! Su apariencia tenía algo del romántico y fuerte, y al mismo tiempo frágil, caballero Lohengrin, eso sí, camagüeyano y cubano, con impoluta guayabera, cosida a mano.

Entonces se manifestó ese rasgo dominante de la personalidad de Emilio, su constante rebeldía anclada profundamente en su obstinación por vencer lo que hasta quizás de una manera inconsciente sentía como injusto. Debo confesar que entonces no le comprendí y que agradezco haber vivido suficientemente para entenderlo en toda su amplitud y profundidad.

Como tantos otros, Emilio se vio abocado a una situación insoportable. El plan de estudios universitarios de la Facultad de Derecho que sufrió parecería extraído de los cuentos más increíbles, hoy, de un Diques caribe. Existían exactos libros de texto ¡a nivel universitario!, que se tenían que aprender de memoria. De investigación, ¡nada!, de discusión, ¡nada!, de seminarios o grupos de trabajo, ¡*nadísima*!, de cambio de opiniones entre estudiantes y profesores, ¡poquísimo! O sea, falta absoluta de los instrumentos y herramientas considerados indispensable para una cabal formación universitaria. Éramos como estudiantes de *kuan-ha*, o mandarín, o prematuros *talibanes*, al tener que someternos a tal disciplina de memorización. Era también como si se hubiera borrado por completo la huella que sin duda debió haber dejado en Cuba Alexander von Humboldt. Los académicos cubanos, en muestra de agradecimiento, le dedicaron una bella escultura, que colocaron en la entrada de la Universidad que lleva su nombre, en Berlín, con la acertada inscripción de *Al segundo descubridor de Cuba, La Universidad de La Habana, 1937*. Por su parte, Colón arribó a las playas de Cubanacán, pero ya el territorio existía. Humboldt sí descubrió Cuba, y el humanismo que predicaba debió haber sido rayo luminoso para sus habitantes. La mayoría de los profesores de Emilio (pues hubo excepciones honrosas) también se sometía al predominante aunque ilógico status quo del tiempo y lugar. La Universidad de la Habana—con la salvedad de algunas disciplinas estrictas o exactas, medicina, arquitectura, física, química—era parte de la corrupción imperante en Cuba.

Posiblemente Emilio fue de los pocos, o el único, que entendió de una manera completa esta enfermiza y enfermante situación, que ya conocía de la enseñanza primaria y del bachillerato, pero que era inadmisible a nivel universitario. Se negó a aceptar las arbitrariedades de una situación absurda. Para él fue un reto, que enfrentó sui generis, ignorando los métodos convencionales en los casos en que el mencionado status quo representaba un riesgo en el logro de su objetivo. El primer día de clases en la Universidad ya tiene una ácida discusión con un increíble profesor que exige pruebas de asistencia a clases mediante un papelito con el nombre del estudiante. Este método no lo considera ni apropiado para colegiales, e irrespetuoso para universitarios responsables, que deberían estudiar en libertad. No volvió a esta clase. Matriculó la asignatura en otra facultad y aprobó sus dos cursos en años sucesivos. Finalmente cumplió felizmente su objetivo y se graduó de abogado. A continuación no quiso tener nada que ver con las influenciables y caprichosas realidades de jueces y tribunales y alcanzó el ingreso en la carrera notarial. Allí pudo ejercer la abogacía sin claudicar ante compromisos y ataduras.

La rebeldía se había manifestado ya en los primeros años de vida de Emilio, antes de que yo lo conociera. Era como si la hubiera practicado y ensayado para llevarla a la perfección, para alcanzar lo deseado, en su incipiente madurez. Había estado en un colegio religioso, en su natal Camagüey, en el que se le exigía demostrar, mediante un cuño, su asistencia dominical a misa. Emilio resolvió este asunto a su manera. Simple, directa y sencillamente, acuñó sus propios comprobantes. Esta y otras rebeldías las tuvo que pagar: no pasó del sexto grado de la enseñanza primaria, en medio de castigos en la escuela y en su hogar. Acostumbrado a la libertad y a espacios abiertos de la vida en el campo, se resistió a la disciplina de las aulas y el estudio. Todavía niño, se fugó de Camagüey y llegó a la

Provincia de Oriente, a los brazos de su abuela, con mucha frecuencia en Cuba, madre doble.

Ya graduado, su vida parece calmarse. Pero se vinculó a la triunfante Revolución, en tareas sumamente difíciles y conflictivas. Surgió una convulsión militar en Camagüey. Disgustado con la reacción del régimen *comunizante* imperante, pidió su licenciamiento inmediato. Fue acusado de conspiración y sedición, juzgado y absuelto. Participó honrosamente, con un amigo y compañero de estudios, Eduardo Palmer, en una peligrosa y complicada fuga de militares condenados en la propia causa seguida a él y que estaban presos en la Fortaleza del Morro.

Contrae matrimonio con una maravillosa mujer—lo que le proporcionó más seguridad espiritual—y partió al exilio, de nuevo auxiliado por Palmer. Sólo un mes y medio después, se alistó en la Brigada 2506. Algunos hablaban entonces de instaurar en Cuba un régimen de derechas. Emilio se opone a toda dictadura. Para su disgusto, lo segregan y lo dejan en una unidad de retaguardia en Guatemala en vez de proporcionarle lo que él consideraba como un honor, participar en la indispensable lucha armada como soldado de línea. Con los ojos fijos en este objetivo, ingresó en el ejército estadounidense, donde rechazó el grado de oficial que le correspondía como abogado Auditor del Servicio Jurídico. Cumplido su entrenamiento, fue licenciado honrosamente. Trabajó, trabajó, trabajó. Tiene dos hijas, inteligentes y bellas, y un nieto que, como por arte de magia, es su imagen y semejanza.

El destino de Emilio parecía transcurrir como el de tantos otros rebeldes, en una pausa de involuntaria espera. Pero el primero de septiembre de 1994, dos delincuentes comunes asaltaron su hogar y lo hirieron gravemente. Una bala explosiva, *la bala*, le destrozó el fémur. Aunque se recuperó, tiene algunos impedimentos físicos. Quizás este hecho le ha facilitado su posterior desarrollo mental. Confiesa que "esta experiencia cambió mi vida y considero que he nacido de nuevo y de una manera diferente a la anterior".

Ya en la edad en que la mayoría de las personas piensa en el retiro—tiene entonces sesenta y ocho años—Emilio siente la obligación de testimoniar por escrito, para beneficio de los demás, lo que ha aprendido de las experiencias que ha vivido. Se rebela ante la falsedad de la conducta de algunos humanos. Se burla de las mentiras de la comedia humana en estampas que describen la idiosincrasia del carácter cubano con un mensaje rectificador. Y plasma su pensamiento en reflexiones, versos y numerosos artículos.

En esta obra, tercera de una colección de tres titulada *Versos, Estampas y Reflexiones* está, al igual que en las dos restantes, el Emilio de siempre, rebelde, y también el nuevo, el renacido. Es impresionante su breve frase: *Quien soporta una humillación, se la merece.* ¡Los verdaderos rebeldes pueden cambiar=mejorar el mundo!

Ruber Iglesias

Introducción

Las Estampas Cubanas son un mosaico de situaciones humorísticas observadas en la vida cotidiana del cubano. Las presento al lector como una modesta contribución al análisis de algunos aspectos de la idiosincrasia de nuestro pueblo, en un contexto de sano humor con la rememoración de viejos recuerdos y experiencias.

Nada revela más fielmente nuestra personalidad que aquello que provoca nuestra risa, exponiendo lo que sentimos y somos en espontánea expresión crítica de las circunstancias que la originan.

Cuando alcanzamos ese grado de objetividad en que podemos reírnos de nosotros mismos es que hemos arribado a la madurez como individuos y como pueblo. Contribuyendo al bien público con el escrutinio político del chiste y la sátira política, armas de reconocida efectividad en la fiscalización del poder gobernante.

Afirma además la risa la fortitud de carácter ante los retos de la vida. Aquellos que saben reír son invencibles, pues han aprendido a *"reír llorando"* y a *"llorar con carcajadas"*, como nos dijera el siempre recordado Juan de Dios Peza en su bello poema "Reír Llorando".

Si alguna vez existió un "proyecto" menos proyectado, es precisamente éste de la publicación de las Estampas Cubanas. Cuando publiqué la primera estampa en el Foro de Camagüeyanos por el Mundo, en el Internet, no tenía ni la menor intención de escribir otras. Pero me llamó la atención la acogida que le dieron los lectores del Foro y otras personas. Probé con una segunda estampa a la que siguió una tercera, que tuvieron igual acogida. Fue así como fueron convirtiéndose en proyecto.

Escribo para ellos como siento y tomo la vida, disfrutando lo que nos la hace más llevadera, destacando las situaciones que aportan humor y enseñanzas. No aspiro a la excelencia literaria, procurando identificarme con el lector en la forma sencilla y espontánea del lenguaje popular, libre de los estrictos dictados académicos de la lengua en algunos casos. Reminiscencias tal vez de tempranas rebeldías contra la rigidez de las reglas y aquello de que *"la letra con sangre entra"*. Debo las Estampas al estímulo de los lectores. A ellos las dedico.

El Autor

Dedicatoria

Dedico las Estampas Cubanas a aquellos amigos que contribuyeron con su esfuerzo y sincero interés a su desarrollo hasta su publicación. La cual es un testimonio del poder del estímulo y su importancia como apoyo moral para la reafirmación de la confianza que nos motiva a persistir hasta alcanzar el logro de nuestras metas.

Animándome a plasmar en un libro lo que al principio fueron solamente escritos aislados que sin un propósito definido redactaba por la satisfacción de hacerlo. Les doy las gracias, a vez que les pido disculpas por las tantísimas veces que los distraje de sus actividades comprometiéndolos a que revisaran mis manuscritos. Son ellos, en orden alfabético:

María I. Álvarez de García	Yolanda Murgado, vda. de
Onelia R. Fonseca	Nieves
Jorge Guerra Romero	Rosa Mª Peyrellade
Ruber Iglesias Figueredo	Miriam Ramírez, Vda. de
Heli de Iglesias	García Sarquiz
Leuchtmann	Álvaro Romero
Jorge L. Lissabet	Cuca Sanz de Granda
Pedro A. Mirassou	Edilberto Taura

Vaya esta dedicatoria igualmente a aquellos lectores del Foro de Camagüeyanos por El Mundo en el Internet, cuya estimulante acogida a las estampas publicadas en ese foro, testimoniada en mensajes de aprobación, ha sido un factor determinante en la materialización de esta modesta obra. A ellos igualmente dedico las Estampas Cubanas como expresión de mi ilimitado agradecimiento. Véase la relación de los mismos organizada en orden alfabético.

Testimonios

Acebo, Mary
Alfonso Fernández, Adalberto
Alarcón Heredero, César L.
Arencibia, Braulio
Armengol Gómez, Maruja
Balboa, Herminia
Betancourt, Pablo
Bouza, Fabiana
Carmenates, Rolando R.
Cerulia Carrasco, Martha
Comas, Arturo E.
Del Alcazar, Marlene A.
Dumois, Luis A.
Fariña, Lucila
Felipe, Carmen
García, Ana Dolores
González, José Raúl

Guaty Vallina, Maggie
Jake (pseudónimo)
LaFuente Salvador, Lolita
Mayola, Rafael
Mía (apelativo)
Marrero, José M.
Milanés, Jesús R.
Mirassou, Pedro A.
Quintana Marrero, Martha
Ramos Carrera, Luisa María
Recio, Renato L.
Rivadulla, Mariíta
Rizo Sánchez, Emilio E.
Rodríguez Montalbán, Carmen
Romero Soñora, Victor
Surí Quesada, Emilio R.
Valdivia Castilla, Roxana

Relación parcial de lectores de Camagüeyanos por El Mundo (www.camagueyanos.com) que me han estimulado decisivamente con sus comentarios sobre las estampas aparecidas en la sección del Foro del mismo. Debo aclarar que cualquier omisión ha sido absolutamente involuntaria y agradecería a la persona o personas en cuestión que así me lo hiciesen notar para salvar el error en otras probables ediciones.

(1)

~*La Noticia*~

Es interesante observar la inclinación nata que tenemos todos por el periodismo. Porque no he conocido a nadie que no se sienta importante dándole una noticia a alguien. Y es que somos noticiosos por naturaleza. Y nos sentimos felices en ser los primeros en darle la noticia a algún amigo. O a cualquier otro. Y lo agarramos personalmente o por teléfono. Pero tiene que ser una primicia. Porque nos causa un "shock" cuando le vamos a dar la noticia a alguien y ya la conocía. Y tiene el mal gusto de decírnoslo. Y tenemos que pensar en quién se nos ocurre que no la sepa todavía. Para darle pronto la noticia. Antes de que se la dé otro. Y poder disfrutar del impacto. Y de cómo lo impresionamos con lo bien enterados que estamos.

Al recibir la noticia debemos hacer como con los cuentos. Que aunque ya nos los sepamos hay que hacer como que es la primera vez que lo oímos. Porque, después de todo, debemos agradecerle el esfuerzo que hizo por mantenernos informados. Lo demás es una pesadez.

Hay cierto paralelo entre el periodista, el noticioso y el chismoso. La urgencia que sienten todos por dar la noticia es la misma pero la motivación varía. El periodista la da por profesión. El noticioso por impresionar. Y el chismoso por satisfacción. Para probar que sabe la vida y milagros de todo el mundo.

Los elementos básicos del chisme son la mala intención y la gentusería. Cuando los chismosos no tienen ningún chisme nuevo que contar, lo inventan. Caiga quien caiga. Como algunos periodistas que son maestros del libelo. El periodista al menos vive de la difusión de la noticia. Los chismosos lo hacen gratis. El periodista siempre afirma que lo que dice es cierto. El chismoso siempre pone el parche diciendo que no le consta. Y que no lo cree. Y dice algo favorable acerca de la víctima. Para parecer imparcial y justo. Después lo fulmina.

Hay quienes experimentan una satisfacción morbosa dando malas noticias. Y mientras más macabras mejor. "Oye, ¿te enteraste de la niñita esa que descuartizaron?". Y hay que ver como disfrutan la reacción de horror que la noticia causa. No porque sean sádicos. Es que la reacción confirma el éxito de la noticia. A eso sigue la crítica obligada de los males sociales. Y los remedios. Que a veces son más macabros que la noticia... "Si yo pudiera cogería al asesino ese y le aplicaría la ley del Talión... Ojo por ojo y diente por diente". Sin saber siquiera si el otro tiene dientes. Y cuando el crimen es sexual, entonces lo castran. Cuando nos dan la noticia de un fallecimiento, casi siempre nos dicen, "No lo puedo creer, pero si lo vi ayer y estaba perfectamente bien". Y no meditan que el único requisito necesario para morirse es estar vivo. Y que lo que sí sería un notición, es que lo vieran y hablaran con él hoy.

Una fuente inagotable de noticias son los periodiquitos escandalosos. Que nos enteran de los pecados de toda la humanidad. Hay noticiosos que se nutren de noticias en los medios que cubren la élite social internacional. Y compran la revista **HOLA**. Sin perderse un número. Su público es mayoritariamente femenino. Y se conocen la vida y milagros de todo el "jet set" en los detalles más íntimos. Y lo comentan como si fueran sus amigas más cercanas. Yo miraba antes a la corte de Inglaterra y a la familia real inglesa como algo lejano. Pero ya no. Desde que entró *Hola* en casa ya la Reina me luce más o menos como la vecina de al lado. Y los marqueses, duques y condes me son tan familiares como el jardinero o el plomero. Y eso que yo no leo la revista. Me basta con escuchar a mi señora conversando con las amigas. No hay recién nacido sin padre del que no esté yo enterado. Ni de boda. Ni de tarro. Ni de concubinato. Ni de bañistas en cueros que no me entere. Quiero decir, los de la nobleza. O de los artistas y los toreros. Porque de los otros no hay quienes comenten. Porque son asuntos de plebeyos. O de muertos de hambre. Que no le importan a nadie. Ni son noticia. A menos que los estrangulen.

Cuando la noticia es acerca de Castro los comentarios que genera comprenden toda la gama de los aspectos políticos y sociales. Porque en cada cubano hay un estadista. Un economista. Un sociólogo. O lo que haya que ser. No hay problema. A continuación de la noticia viene el comentario político y por supuesto, la solución. La parrafada comienza con la disertación del estadista. Si el que escucha es otro cubano, hay un conflicto de estadistas. Si no lo es, entonces no hay ningún conflicto. Lo que hay es desesperación. Y aburrimiento. Porque al tipo le importa un pito lo de Fidel. Y lo más probable es que sea de los que creen en los logros de la Revolución. Y simpatizan con él. Pero no se atreven a decirlo a las claras. Porque están conscientes de que pueden estar jugándose la vida con el estadista cubano. Que hace rato dejó la diplomacia y ahora está matando comunistas. Y se van. Pensando que el cubano es un ultra derechista explotador al que seguramente le quitaron en Cuba todo lo que se había robado.

Los que, en materia política, no dan credibilidad a los cubanos no saben lo que se pierden. Porque las noticias de los cubanos son siempre de "buena tinta". Lo que quiere decir que el cubano en cuestión está en el "inside" de la cosa y conoce todos los detalles secretos del asunto. Porque "hay una secretaria americana que está casada con un cubano y la secretaria es la que maneja toda la información secreta del Departamento. Y el esposo tiene tremenda influencia y gracias a él es que la política del gobierno americano se ha inclinado a favor de los cubanos del exilio en el caso tal o más cual". Todo muy secreto y delicado. Y el cubano de la noticia pone una cara circunspecta y responsable y nos dice que esperemos un poco. Que van ocurrir muchas sorpresas. Pero que por discreción no puede decirnos más. Y hace que le prometamos que no vamos a comentar el asunto ni con nuestra madre. Y se lo prometemos. De todas maneras ya la vieja no cree en nadie. Y hace rato que está pagando a plazos su lote en el cementerio. Porque dice que aquí nos podrimos.

Tan pronto nos separamos del cubano de la noticia comenzamos a hacer excepciones con la promesa de silencio que hicimos. Y le damos la noticia a todos los que nos encontramos. También les decimos que lo que les estamos informando lo sabemos de buena tinta. La "buena tinta" es la del tipo que nos dio la noticia. Y les hacemos prometer discreción. Y esperamos confiados a que se materialicen los acontecimientos pronosticados. Y llegan....pero al revés de todo lo que esperábamos. ¡Es que a los americanos no hay quién los entienda! Y no saben ni lo más mínimo de política internacional. Por eso meten la pata constantemente.

Y para nuestros adentros pensamos en lo diferente que serían las cosas si pudiéramos decidirlas nosotros. Y tomándonos un cafecito en la próxima esquina, descargamos nuestras frustraciones... y nos vamos... a comentar el asunto con algún otro. Si los americanos supieran, nos prestarían más atención.

Hace años leí que los servicios de inteligencia de los Estados Unidos recogían las heces fecales de Nikita Khrushchev para analizarlas y saber como andaba la salud de Nikita. Pasaban un trabajo tremendo en la ingrata tarea de interceptar los desagües del hotel para conseguir los especímenes. Los pobres....Sí, porque lo único que tenían que hacer para lograr inclusive mejores resultados era consultarnos.

Porque los cubanos sabemos hasta el detalle más mínimo de la salud de Fidel. Sabemos casi hasta la hora en que se va a morir sin hacer lo que hacen ellos. Salvo el imponderable de que alguien lo mate, desde luego. Y lo sabemos muy fácilmente.

Porque cada vez que Fidel se asoma a la televisión hay medio millón, o más, de cubanos examinándolo físicamente a través de la pantalla. Sin contar con que por lo menos 200 médicos cubanos están igualmente diagnosticando el caso. Y no hay forma de equivocarse. Por ejemplo, hemos confirmado que está loco. Que padece de la enfermedad de Parkinson. Que abandona de pronto una conferencia internacional para ir al inodoro. Lo cual confirma que es un viejo cagalitroso. Y muchísimo más. Y toda esta información se la pierden los americanos porque se creen que se las saben todas.

Algunos cubanos afirman que el que aparece en la televisión es un doble. Y dicen que saben de buena tinta que Fidel tiene cinco dobles. Otro cubano confirmó la noticia. De buena tinta. Y es más, dice que lo que en realidad sucede es que los rusos clonaron a Fidel. Y que el parecido tan grande que tienen los clonados con él es que utilizaron una membrana del recto de Fidel para hacer el "cloning". Y así lograron una reproducción exacta de la cara. Y del resto. Me parece perfectamente plausible y lógica la explicación.

Nada me haría más feliz que ser el primer cubano en enterarme de la muerte de Castro. Y por supuesto, ser el primero en contarlo. El único problema es que para eso tendría que matarlo yo mismo. Y lo contaría otro.

(2)

~*Cuentos y Chistes*~

A casi todos nos gusta que nos cuenten un buen cuento. A pesar de la tortura que nos inflingían de niños con el "Cuento de la Buena Pipa", cuando nos preguntaban, "¿Quieres que te cuente un cuento?". Y cuando decíamos que sí, nos decían, "No, yo no digo 'sí', lo que te pregunto es si quieres que te cuente un cuento..." y repetíamos que sí...y la tortura seguía hasta que ya gritábamos síííííííííííííííííí!!! Y el único que se reía era el sadista aquel. Muy chistoso. Menos para el traumatizado niñito. Igual que los que hacen muecas al nene, o cosquillas y se creen que la criatura está divertidísima. Cuando lo que está es horrorizada. Y se sorprenden cuando comienza a dar gritos. Entonces dicen que tiene hambre.

Hoy, cuando nos preguntan si queremos que nos cuenten un cuento seguimos diciendo que sí; pero recelosos y casi siempre por compromiso. Porque para que un cuento nos haga reír tienen que estar presentes tres condiciones: que no nos lo sepamos ya, que el cuento sirva para algo y que el que lo cuente también sirva.

Los cuentos tienen un valor subjetivo. Lo que hace reír a uno deja pasmado a otro. Y es que el cuento tiene que estar de acuerdo con la psicología de quién lo escucha. Basta con observar de qué se ríe alguien para saber quién es. Lo mismo se puede descubrir una lujuriosa en una mojigata, con un cuento de contenido libidinoso, que un delincuente en potencia con un cuento a costa de la desgracia de un estafado. O la insensibilidad generalizada con que mueve a la risa el ridículo de alguien. Que son los cuentos más socorridos. Igual que los cuentos de los locos. Que casi siempre causan gracia. Y es que casi todos tenemos razones de sobra para identificarnos con ellos. Y no lo notamos. Pero lo notan los demás. Y no nos lo dicen.

Hoy en día, para asegurar la risa, no hay como una palabrota bien colocada en el cuento. La palabrota en el cuento es grosera según quien la use. Y es que la grosería no está realmente en el vocablo sino en la mente de aquél que lo emite. En la malicia. Que priva de inocencia a la jocosidad convirtiéndola en algo sucio.

Lo que no se entiende es el cambio de ayer a hoy. De los viejos. Aquellos que no se atrevían a salirse del Carreño por nada del mundo. Y si oían a alguien con una palabra "fea" en presencia de una dama, le decían enseguida al otro, "¡Oiga, respete!". A veces el otro lo mandaba a... algún lado. Y ya la cosa era seria. Y la dama se sentía protegida por el caballero. Hoy en día al que hay que proteger es al caballero. Porque hay algunas damas, de aquellas mismas, que lo que echan por la boca aquí en el exilio le da envidia a cualquier marinero. Y es que parecen haber descubierto el colorido que da a veces a la expresión una de esas palabras "feas" bien colocadas. Y el que diga que nunca ha dicho una palabrota es porque jamás se ha dado un martillazo en un dedo. O se lo ha agarrado una puerta.

En algunos casos lo que están tratando de hacer los exiliados es salvar un poco el "generation gap" con las nuevas generaciones. Que nunca se han leído ningún Carreño. Y se orientan más bien por la televisión y el cine para escoger su vocabulario. Que está repleto de efes. Para contar nuestros cuentos los adultos nos hemos liberado de la tiranía del "Carreño" adoptando el "Álvarez Guedes". Que es menos protocolario. Y más compatible con el arte moderno. Y con los comentarios inevitables que hacemos los ignorantes frente a algunas pinturas. O al oír algunas músicas. Y la única forma de hacerles justicia es acudiendo a nuestro humorista del exilio. ¡Y qué satisfechos quedamos después de darles a los autores su merecido! Sobre todo si nos oyó el ensimismado amante de las artes que estaba parado al lado de nosotros.

Los cuentos son el recurso salvador del hablador por compulsión. De los que sólo piensan en ser simpáticos a costa del primer infeliz con el que se tropiezan. Cuando al hablador se le agota el tema, nos cuenta un cuento. Que casi siempre nos sabemos ya. Y tenemos que reírnos con risa forzada. Que es terrible. El del cuento lo percibe. Y lo notamos. Entonces le decimos que qué bueno estaba el cuento. Pero también percibe la hipocresía del cumplido.

Los comentarios después de un cuento casi siempre significan que no lo entendimos o que no nos hizo la menor gracia. Que es embarazoso. Pero aun peor es cuando el del cuento termina el cuento y no nos damos cuenta. Y el del cuento está esperando que comencemos a reírnos. Y se hace un silencio sepulcral. Y entonces le decimos que nos perdone, que es que no le oímos bien. Y entonces nos explica el cuento. Un cuento explicado es un desastre. Igual que cuando nos interrumpen el cuento. O lo interrumpimos nosotros.

Dejar a alguien con un cuento "palanqueado" es una crueldad. Imaginen el esfuerzo que había hecho el del cuento para buscarse un cuento simpático que fuera un exitazo y que el otro le ponga el final acabando de contarlo él. O que se apresure a atajarnos, diciéndonos: ¡Ah sí! Ya me lo sé. Lo humano, repito, es escucharlo y hacer el esfuerzo de reírnos fingidamente. Si no podemos soltar una carcajada, por lo menos una risita. Sin que nos lo noten. Si es posible.

Contar un cuento es un arte. Y se nace con él. Hay quienes sin abrir la boca nos hacen reír. Basta con verles la expresión de la cara y ya nos estamos riendo. Otros se desternillan de risa con su propio cuento. Antes de contarlo. Y cuando al fin logran controlarse, lo cuentan. Y nadie comprende de qué se estaba riendo. Y a veces terminamos riéndonos, no del cuento sino del que lo contó: desde luego, él no lo sabe.

En Cuba, cuando un cuento era muy pesado, el plato roto lo pagaban los alemanes. Y es que el chiste tiene que estar de acuerdo con la idiosincrasia de cada pueblo y su sentido del humor. Como la gracia que hace a los americanos estrellarle un "cake" en la cara a alguien. Se desbaratan de la risa. Yo quisiera ver la gracia que le haría a un cubano a quien le hicieran eso.

Hay quienes confunden los cuentos con los chismes. Y hay una gran diferencia. En los cuentos nos reímos de un personaje o situación imaginarios. Porque si son reales entonces son anécdotas. Que pueden ser inocentes o mal intencionadas. Y terminan convirtiéndose en chismes. En los chismes los personajes o las situaciones siempre son reales. Y siempre hay víctimas. De carne y hueso. Y hay carniceros. Que son los que los hacen picadillo.

Hay veces que el picadillo lo hacemos no de huesos y carne, sino de sesos. Es cuando lo hacemos a costa de los brutos. Y reventamos de risa contando las estupideces del infeliz. En Cuba la materia prima para los cuentos de brutos eran los gallegos. No había piedad con ellos. Aunque tuviéramos cuatro abuelos gallegos. Que ¡pobrecito del que no tuviera aunque fuera uno! Porque entonces el cuento, o más bien el chisme, se hacía a costa de su genealogía. Los cuentos de los gallegos siempre iban acompañados de alguna palabrota. Incluyendo las maldiciones. Y las oraciones. Y así aprendimos de la existencia de Ceuta. Y su presidio. Que eran por lo que la maldecían. Mientras nos enseñaban, a su manera, historia y geografía.

También hacíamos chistes a costa de los chinos. Y de la mujer del chino. Y de los polacos. Aunque no fueran polacos. Pero lo pareciesen. Cuando no teníamos a mano ningún chiste acerca de ellos, recurríamos a los turistas americanos. Y los ridiculizábamos. Y el común denominador era que todos ellos hablaban mal el español. Aquí los que hablamos mal somos nosotros. Y no nos funciona eso de hablarles a los americanos despacito en español. Porque ni así nos entienden. Y nos dicen, "pardon me", o "excuse me". Que significa que no nos han entendido. Pero que es una forma de decir una cosa y pensar otra. De modo que con los americanos se han invertido las posiciones. Pero son tan "polite" que no hacen sus chistes delante de nosotros. Pero cuando les hablas y pareces un turco, ya sabes lo que el americano está pensando: que somos unos retrasados mentales. Porque no sabemos hablar por la nariz. Y sonamos como Henry Kissinger. Que nos recuerda a los "polacos" de Cuba. Que en lugar de pesos daban besos. Y nunca llegaban a ministros.

El cuento cubano se diferencia de todos los demás. Porque el personaje más listo del cuento siempre es un cubano. Que con frecuencia en Cuba era un negrito. Aquí es Pepito. Que por supuesto, es cubano. Los demás son siempre víctimas de su viveza. Porque son unos idiotas. En el exilio hemos substituido a los polacos y a los americanos por gentes de otros pueblos. Esta vez por pueblos completos. Sin exceptuar ni un habitante. Y nos reímos a costa de ellos. Que a su vez hacen sus chistes a costa de los exiliados y turistas.

Y lo mismo sucede con todas las nacionalidades del planeta. Y es que las diferencias y la ignorancia, hace que nos burlemos y riamos de todo lo que no entendemos. Por eso nos reímos tanto. Pero lo que nos distinguió siempre a los cubanos es la inocencia de nuestras burlas. Porque a todos los queríamos.

(3)

~*Las Broncas*~

Nunca he conocido un cubano que no se haya fajado. Ni uno que haya perdido una bronca. Aunque nos esté contando el cuento con un ojo morado como un caimito. Por supuesto que en este caso no aclaramos la contradicción entre lo que nos cuenta y lo que parece. Porque sería una indiscreción. Y porque de todas maneras no cambiaría su versión. Porque perder una bronca es perder el cartel de que "con ese no hay quien se atreva". Ese cartel comenzábamos a crearlo en el colegio. Para que no nos cogieran de "mona" los más grandes. La mona en el colegio era la víctima de todos los abusos. Sin el recurso de encaramarse en una mata. Como Chita. Y si ningún Tarzán que la cargara. Cuanto empujón se perdía lo cogía la mona. Y cuanto taco disparaba una liguita iba a parar en las orejas de la mona.

Ante ese ambiente tan hostil no quedaba más remedio que "fajarse". Y surgía el guapito. Y el cartelito. Que había que mantener a toda costa. Y así se llegaba a viejo. Con psicología de pendenciero. Y de hombre de cuidado. Que le sonaba una galleta al más pinto.

Había pendencieros con "clase" y sin ninguna clase. Los que tenían clase no perdían jamás la corrección en sus maneras. Y los que la perdían era porque en realidad nunca la habían tenido. Y lo que perdían era el "barniz".

Las broncas han evolucionado a través de la historia. Antiguamente las broncas entre caballeros se llamaban duelos. Y eran broncas de salón. Aristocráticas, reguladas por el Marqués de Queensberry. Las de la plebe la reguló un tal Chicho Zainete y eran de solar, como las de hoy. Las de salón eran más elegantes... y amaneradas. Como cuando eran con florete y los duelistas se ponían la mano en la cintura y elevaban un brazo al cielo. Como las bailarinas. Estas broncas comenzaban con un guantazo no muy fuerte al rostro del otro. Lo daba el caballero ofendido y continuaba con una tarjeta. Y dos padrinos. Que arreglaban el duelo con los padrinos del tipo al que le habían sonado el guantazo. Aquellos padrinos no tenían nada que ver con los de hoy. Que son sicilianos. Pero se parecían. Porque muchas veces lo que estaban apadrinando era un crimen. Porque podía haber un campeón de un lado y un infeliz del otro. Que además estaba ya muerto antes de llegar al campo del honor... como le llamaban....

Las broncas cubanas eran más humanas. Con chancletas y todo. Cuando ocurrían en el "solar". Porque también ocurrían en la santidad del hogar. Sin padrinos. Y sólo el vecino se enteraba. Porque oía el escándalo por la tapia....Y era como si estuviera en un palco o en primera fila. Después el vecino se ocupaba de que se enteraran los de las gradas. Que era el resto del vecindario.

La primera etapa de una bronca de solar cubana comenzaba casi siempre por una discusión cualquiera. Después venían los gritos. Ambos contendientes ponían la mejor cara de malos que podían. Como los gorilas. Pero sin darse manotazos en el pecho. A veces también sacaban los dientes. Si los tenían. Y así iba escalando la cosa hasta que a uno de ellos se le ocurría meter a la madre del otro en el conflicto. Y entonces, en lugar de un guantazo, sonaba un "galletazo". Al momento de "aflojárselo" también solía introducir el contrincante a la madre del otro en la bronca; pero subiendo la parada con un "RRReeecontra.... de la tuya" por delante. Con lo que las dos viejas se veían envueltas en el conflicto. Sin comerlo ni beberlo. Aunque a veces se metían también. Entonces ya la cosa no tenía remedio hasta que llegaba la policía. O algún alma piadosa que los separaba. Que era precisamente lo que estaba esperando el que estaba perdiendo. Pero la bronca no terminaba del todo. Pues mientras los separaban vociferaban amenazando. Bien alto. Para que todo el mundo viera lo peligrosos que eran ellos cuando se ponían bravos. Y daban tirones para zafarse. Pero nunca lo lograban. Porque no tiraban tanto. En estas broncas las únicas que de verdad salían perdiendo eran las madres. Con su reputación en entredicho.

Hay algunos que sólo se fajan cuando no les queda más remedio. Como cuando está la novia delante. Pero los hay que ni con eso. Estos casi siempre se guían por una bien desarrollada percepción de la medida. O sea, el tamaño del otro. Si el otro es más grande, no hay bronca. Ni palabra que les ofenda. Hay vociferío y retirada. Pero no hay bronca. Para eso se inventó la bravocunería, que es el estilo del que grita y no se faja. Y dejan plantados a los espectadores. Como la que canta y no pone. Que lo deja a uno con las ganas de comerse un huevo.

Hay grandulones que no se fajan. Ni con el más chiquito. Y es que hay hombres chiquitos que tienen un poder en la mirada que enfrían a cualquiera. Porque pueden resultar un gallito quiquiriquí. Que no anda creyendo en gallo grande. Y que no sólo se faja hasta que lo maten, sino que a veces se sale con una podrida. Como le pasó a Goliat con David y su hondita.

Cuando el grandón percibe el peligro se le acaba la guapería. Y no se faja. Porque se conoce y no quiere desgraciarse. Y además, porque sería un abuso. Entonces mira al otro con cara de perdonavidas. Y vira la espalda y se va. Y no mira para atrás aunque el chiquito le grite botija verde. Y es que una retirada a tiempo es preferible a que lo despachurren a uno. En lo militar una retirada se llama estrategia. En lo civil tiene otros nombres. Dependiendo de la educación del que escoja el calificativo.

En las broncas siempre era posible predecir cuando la sangre no iba a llegar al río. Es cuando la bronca era acalorada pero no acababa de sonar la galleta. Porque estaba prevaleciendo el instinto de conservación. Y había falta de decisión. O de otra cosa. Y la discusión se prolongaba sin que se le viera el fin. En estos casos siempre surgía el amigable componedor que les decía: "Vamos dejen eso, que no vale la pena..." Con lo que aprovechaban para terminar la discusión ahí mismo. Y se iban ambos. Satisfechos de haber salvado la cara....Y comentando que "con ellos si era verdad que no se podía andar jugando". Estas son las broncas del galletazo palanqueado, que no suena nunca. Pero que sirven para mantener el cartel de guapo. Y los amigos lo reafirman diciéndoles que hizo bien "en poner al otro en su lugar...." Y les dicen que el otro le tenía miedo... ¿Viste lo que le dijiste y como se quedó callado? Y así estimulados se iban los dos bravos. Eso había que agradecérselo a los amigos. Aunque los amigos nunca les dijeran lo que de verdad estaban pensando de ellos....Y se lo dijeran luego a medio pueblo.

Nunca se sabe como va a reaccionar alguien en una de estas situaciones. Tengo un amigo al que siempre he tenido por persona callada y de cuidado. Una noche "ligamos" dos muchachas en una bolera. Y al pasar junto a la barra, un tipo que estaba dándose unos tragos allí, alargó el brazo y le tocó a la compañera de mi amigo—que iba delante de mí—la parte más baja de la espalda. La muchacha dio un salto hacia delante como si la hubiera picado algo. Se viró protestando y le dijo algo a mi amigo. Yo esperé lo peor, porque la bronca era inevitable; pero mi amigo, de quien nunca supe que le interesaran los bolos, estaba tan abstraído en una jugada en la carrilera que quedaba a su izquierda, que no sólo no la oía...sino que, hasta me pareció que aceleraba el paso. Cuando al final de la noche le conté lo que había pasado y como me sorprendió que no notase nada, me dijo: "Claro que me di cuenta de todo; pero también me di cuenta del tamaño que tenía el tipo ese... ¿Es que tú no lo viste?...." Nunca le dije lo que me alegró su repentino interés en los bolos. Porque el tipo aquel andaba con un amigo tan grande como él. Y si mi amigo hubiera hecho el más ligero aspaviento, hubiéramos salido los dos como bolas por tronera...o por bolera. Fui además muy dichoso con que el trasero de la que iba conmigo no le interesase a ninguno de los dos.

En los Estados Unidos he conocido un nuevo tipo de "guapo". Es el guapo del automóvil. Que insulta a todo el que se le atraviesa en alguna forma. Y que casi siempre tiene una mano deformada. Con un dedo tieso. Este tipo de guapo solamente insulta a los que van en un carro en movimiento. Porque si por casualidad llegan juntos al semáforo, se le va la furia en un instante; pero tan pronto cambia la luz comienza de nuevo a agitar la mano deformada mientras acelera y se aleja lo más que puede. Porque en el fondo sabe que aquí en Miami hay quienes remedian la situación pegándole un tiro a cualquiera. Que es una forma de profilaxis social. Cada día más de moda.

De niños recurríamos a la pajita en el hombro. Y retábamos al otro a que se atreviera a quitárnosla. Que era un recurso para no fajarse. Y el otro se metía la mano en el bolsillo. Y cuando el otro era un poquito más grande le decíamos que era un abusador. Y que le íbamos a traer a nuestro hermano. Que era otro recurso para que no le abollaran a uno un ojo. Pero se lo abollaban al hermano. Que era el que tenía que fajarse. Con el hermano del otro. Y ninguno de los dos sabía porque se estaba fajando.

Las broncas en el colegio eran a la salida de clases. Todo el mundo lo sabía porque eran casi siempre producto del "maquinazo" que daban los que de adultos se convertían en promotores de boxeo. Que no se fajan nunca pero echan a pelear a media humanidad. Estos promotores eran los niños "malos" de la clase que todos los días seleccionaban una pareja de idiotas dándoles "cranque" a los dos por separado diciéndoles lo que decía uno del otro. Y ninguno de los dos había dicho ni esta boca es mía... pero se creían el cuento a pie juntillas y se arreglaba la bronca para la salida. Por lo general la bronca comenzaba con un enfrentamiento verbal rodeados por toda la "canalla" de la clase, que estaban deleitados. Cuando el enfrentamiento verbal se dilataba demasiado nunca faltaba el malvado que empujara a uno contra el otro....Y ahí terminaba el diálogo y empezaban las trompadas. Para sorpresa de los dos "fajaos" y disfrute de los demás.

Una vez tuve una experiencia personal en una de esas broncas, que nunca olvidaré. Había en mi clase de los Hermanos Maristas dos compañeros de apellido Aróstegui, Mario (Q.E.P.D), y Manolo. Parece que un día le dieron el consabido "maquinazo" y fueron a buscarme a mi casa para que saliera a fajarme con ellos. Salí y les pregunté que con cual me fajaría primero. Me contestaron que con los dos a un tiempo. Lo pensé un momento y les dije que no. Que con uno primero y con el otro después. No aceptaron y se fueron diciéndome que ya arreglarían eso. Como yo sabía cual iba a ser el arreglo y que el único desarreglado iba a ser yo, decidí "agarrar" a uno primero y después al otro.

Un día no fue Mario al colegio. A la salida esperé a Manolo. Y lo invité a fajarse.... Bueno, el que se fajó fue él. Porque jamás en mi vida me han dado tantos golpes. Era una ametralladora. Y todavía me lamento de haberlo "agarrado". El único comunista a quien debo un favor es un barbero de nombre Romárico. Que me quitó aquello de arriba. Después de eso decidí no buscar a Mario. Todavía me imagino qué habría sucedido si llego a fajarme con los dos a un tiempo...Y sin Romárico por los alrededores.

(4)

~*Hablando Inglés*~

Hay quienes saben hablar inglés. Y quienes se creen que saben. Para determinar la diferencia de manera definitiva, grávate y sobre todo, escúchate. La prueba puede ser devastadora para tu ego. Porque la electrónica, como los espejos, no se anda con miramientos. Y probablemente vas a descubrir que hablas como un afgano. Yo estoy en esa categoría. Y cada vez que me olvido, me saca del error un "pardon me" o un "I beg your pardon", que me recuerda que los americanos no han entendido nada. Y es que la mayoría de los cubanos exiliados somos cotorras viejas. Que ni hemos aprendido ni aprenderemos jamás a pronunciar correctamente el inglés. Y como somos unos lengüi sueltos indisciplinados, en esta situación no tenemos control de la lengua. Ni para hablar ingles ni para callarnos. Por lo que seguiremos hablando suene como suene. Y al que no le guste, que aprenda español. Y para evitar conflictos, que nadie le diga a un Shakespeare cubano que su inglés suena "funny". Los americanos son muy "polite" y callan. Pero solían tirar la aplicación de trabajo al cesto. Hoy en día ya no lo hacen. Porque somos muchos los sarracenos…y decían de ellos sus enemigos que ***"Dios protegía a los malos cuando eran más que los buenos"***….

En Cuba el mago del inglés era Jorrín. Hizo dos libros que servían para que un catedrático se ganara la vida en el instituto tomándonos involuntariamente el pelo. Enseñándonos que Mary era una niña y Tomasito un niño. Y resulta que cuando llegamos aquí no conocimos a nadie que se llamara así para poder practicar. Cuando desembarqué le solté una parrafada a un americano, que lo dejé loco. El americano me viró la espalda y al poco rato regresó con un mejicano que se parecía a Pancho Villa y hablaba un inglés tan cayuco como el mío. Y lo que hizo como intérprete fue formar tremendo enredo. Por fin vinieron dos tipos muy bien plantados que hablaban el español mejor que yo. Eran dos agentes del FBI y me hicieron un millón de preguntas. Que era, en primer lugar, lo que el aduanero había querido advertirnos. No tenía yo a Jorrín a la mano, pero si llego a agarrarlo aquella noche lo mato. Otra víctima de Jorrín me contó que pidió un mapa en una estación de gasolina de Carolina del Norte y le trajeron un trapeador. Dice que el americano se cruzó de brazos y se puso a ver que hacía con el "mop".

La realidad de su ignorancia llega poco a poco al esforzado políglota cubano. Como cuando pronunciaba las **íes** como **ai**. Por eso, para probar que estaba haciendo lo correcto, le soltó a un americano un Maisaisaipai (Mississippi) que partía el alma. Y lo peor del caso es que este cubano todavía cree de veras que es todo un erudito de la lengua.

Con el inglés del cubano se pudiera escribir una Antología del Desengaño Idiomático. Nuestras meteduras de pata sólo se comparan con el español de los turistas americanos en Cuba; del que hacíamos chistes burlándonos. Aquí ellos nos consideran poco más o menos unos retardados mentales, porque piensan que lo lógico es que todo el mundo y su abuela conozcan y hablen inglés. Y no se explican otra cosa. Pero no nos dejan ver lo que piensan. Que es seguramente lo mismo que pensábamos en Cuba de los polacos y de los chinos. A quienes menospreciábamos porque hablaban mal el español. Y no parecían muy listos. Y hasta decíamos que "*cualquier cosa era la mujer de un chino*". Y ahora aquí, los chinos somos nosotros. Y causamos la misma impresión que nos causaban ellos en Cuba. Con gente así no querían nada los americanos. Lo que explica que se pasaran treinta años viviendo en un central en Cuba y no aprendieran ni una papa de español. Y matriculaban sus hijos en los colegios americanos exclusivos para ellos. Y para hablar con ellos había que buscarse un machetero jamaiquino en el batey y pedirle que nos tradujera. Y explica también que insistan en pasar una ley haciendo obligatorio el inglés en el Estado de la Florida. Y lo que vamos a pasar en la legislatura cuando tengamos algunos Pepitos más en ella, es la oficialización del Spanglish como lengua estatal. Y pasaremos el examen de naturalización en nuestro florido invento lingüístico.

Yo aprendí mis primeras palabras en inglés el día que regalé un alicate nuevecito a un H.P. americano—que de que los hay, los hay—sin saber que se lo estaba regalando. No entendí lo que me decía al despedirse: pero lucía como agradecido. Él era mi jefe en la factoría que yo trabajaba y cuando le pedí que me devolviera el alicate, no me entendió. Busqué un intérprete y entonces fue que supe que decía que yo se lo había regalado y que no me lo iba a devolver. Si eso no fue un atropello de la oligarquía al proletariado, yo quiero que alguien me diga qué es lo que fue. De ahí en adelante no presté nada más. Algún tiempo después se descuidó y aproveché la oportunidad de "recuperar" mi alicate. Espero que Dios no me mande al infierno con "una pata jorobá" como al que "quita y da".

Andando los años aprendí a comunicarme con una parte de los americanos, pero no con todos. Fue debido a la posición que ocupé en el sistema penitenciario del Estado de Carolina del Sur, como supervisor de bibliotecas. Hoy en día puedo sostener una fluida conversación en inglés, o como se llame, con un americano, siempre que sea en la jerga del criminal negro americano que predominaba en esas prisiones. Y con un acentuado acento sureño además. Había que ver la cara de los americanos blancos cuando les soltaba una parrafada en mi nueva lengua. Estoy seguro que sospecharían que yo no era sino un afroamericano desteñido. Eso nunca me preocupó, pero tampoco me ayudaba mucho. Y si hubieran visto a mis pequeñas hijas, ya no hubieran sospechado. Lo habrían confirmado. Pues una tarde al regresar del trabajo encontramos que la niñera negra que las cuidaba las había peinado con trencitas y papelitos. Se llamaba Frances y las niñas la adoraban. Siempre la recordaremos con cariño.

Nunca había hallado explicación a aquello de que *"cotorra vieja no aprende a hablar".* Ahora ya lo sé. Es la lengua. Hay que ponerla como una semilla de marañón para que el sonido salga como debe salir. Por la nariz. Al mismo tiempo no se debe abrir la boca. Los dientes deben permanecer unidos. Como el que quiere lucir su dentadura postiza. Al principio puede ser que no salga perfecto, como le pasa a Henry Kissinger, que suena como King Kong. Pero con tiempo y paciencia podrá hacerse entender. Por cualquier turco.

El problema de no saber hablar inglés da lugar a muchas situaciones molestas. La más grave para el machote padre cubano es la descaracterización que sufre en el hogar, en el que ha pasado de maestro sabelotodo a alumno retrasado. Corregido por los hijos pequeños cada vez que se le ocurre abrir la boca para practicar su inglés. Y no la abre sin meter la pata. Y lo peor es que nuestros hijos parecen estar cazándonos. Y nos dan la clase delante de todo el mundo. Como me hizo una niñita de siete años en una comida a la que fui invitado a su casa en La Habana. Sirvieron sopa. Incliné un tanto la cabeza para tomar la primera cucharada y la niña me gritó, *"Emilio, se lleva la cuchara a la boca, no la boca a la cuchara".* Nunca he olvidado la lección. Ni la sopa. Ni a la niña. ¡Qué espontaneidad! Y por recordar la lección, ahora me cae siempre la sopa en el vientre.

Allá por los años sesenta el English Center fue la esperanza de los cubanos para aprender inglés. Aquello parecía un asilo. Por la cantidad de alumnos viejos que asistían. Todos eran cotorras viejas. Que no creo que hayan aprendido nada. Pero algunos maestros americanos aprendieron a hablar español.

En Cuba sólo solían hablar inglés los que habían estudiado en el Norte, como solíamos decir, o en colegios americanos creados al efecto. También solían hablarlo los chóferes de turistas, los bartenders y los empleados de hoteles. Los demás nos arreglábamos con "hi", "hello", "good morning" y "good night"— más o menos el vocabulario básico de una cotorra bilingüe. También lo hablaban algunos turistas de 30 días en Miami que regresaban a su pueblo pidiendo bananas en la venduta. Como el que me contaron de uno que en Holguín le pidió bananas al vendutero y éste le envolvió un ñame.

Era común en los cubanos el crearse un cartelito por cualquier cosa. El que hablaba inglés se creaba un cartelito de culto y bien preparado. Esto le servía a los más listos para vivir del cuento y a los comequeques para darse lija. Lo que nunca imaginó el cubano era que algún día tendría que aprenderlo por necesidad. Hubiera sido totalmente imposible imaginar a un guaguero de la ruta 28 hablando inglés. Que es prácticamente lo mismo que imaginar a un barbero de campo estudiando anatomía. Para hacer lo mismo que ellos resolvían en Cuba poniéndole una guira en la cabeza al cliente y pasando la maquinita por abajo. Y el pelado quedaba igualito que un monje medieval.

Lo que si podemos asegurar es que, a pesar de las dificultades con el idioma, el cubano se comunicará siempre. Como sea. Porque callado no se va a quedar. Y nos entenderemos con los americanos en Spanglish. O por señas y apretando teclas. Como el mono KOKO.

(5)

~Velorios y Entierros~

Hay un tipo de reunión que no acaba de pasar de moda. Cambia la forma en que se celebra, pero no cambia en el fondo. Porque en el fondo siempre hay un muerto. Que es indispensable. Porque es el anfitrión. Y que tiene además la rara habilidad de estar siempre presente estando ausente. Y es que parece que los muertos poseen el don de la ubicuidad. Porque están al mismo tiempo en lugares diferentes. Pues todos consuelan al doliente diciéndole que "Fulanito" está en el Cielo. Aunque lo estemos viendo en la caja. Y aunque estén en realidad pensando que "Fulanito" adonde de verdad está es en el Infierno. O cuando menos en el Purgatorio. De lo que si no hay duda es que parece que todos esos lugares son para descansar. Pues en los que todos coinciden es en afirmar que "Fulanito" ya descansó.

Yo no he conocido ningún muerto que haya ido al Infierno. Y si alguna vez tuve duda de que alguno iría para allí se me quitó al escuchar la despedida del duelo. En la que todos son buenos. Y descubro que alguno de quien yo creía que estaría ya achicharrándose, era después de todo un santo.

En un velorio al que asistí, escuchábamos al que despedía el duelo enumerando las virtudes del muerto, diciendo: "Honesto, trabajador, agradecido, cumplidor, amigo ejemplar, generoso... esposo devoto y fiel". Y al llegar a este punto ya hacía rato que nos preguntábamos si nos habríamos equivocado de muerto. Y al escuchar lo de esposo devoto y fiel nos convencimos.

Hoy en día ya va desapareciendo la costumbre de comprometer al mejor orador entre los asistentes al velorio para que se encarame sobre el muerto a exagerar virtudes y a decir mentiras. La mejor manera de honrar al muerto es callarse la boca. Y es más honesto que presentarlo como una persona perfecta. Una persona perfecta, si la hubiera, no la resistiríamos y habría que evitarla por insoportable. Y porque haría más obvios nuestros defectos.

Hay tantas clases de velorios o servicios funerales como sociedades y culturas han existido. Algunos cumplen complicados rituales. Otros ningunos. Otros son extraños. Como el indio americano al que encaraman en un parapeto de palos para que se lo coman los buitres. Y el que pase cerca que se... fastidie. Porque si no se muere del susto, se muere de la infección.

En la India el muerto se va en balsa. Y parece que para ahorrarle combustible al Diablo empiezan a darle candela en la misma balsa. A los balseros cubanos la candela se la dan cuando los mandan de regreso a Cuba.

A los faraones egipcios les tomaban el pelo después de muertos. Porque les habían dicho que se iban de viaje. Y les daban hasta el bote. Con provisiones y todo. Pero ni se comían nada, ni iban a ninguna parte. Porque les ponían arriba cuanta piedra encontraban por ahí. Y le hacían una pirámide. Con tal laberinto de pasadizos, que no había quien se saliera. Y les decían que todo eso era para que continuaran su existencia en "el otro lado". Pero les extirpaban el cerebro. Yo quisiera que alguien me explique como rayos se las iban a arreglar en cualquier lado al que fuesen, los pobrecitos, si los habían dejado con menos seso que el Bobo de la Yuca y no tenían ni con qué pensar. Por eso les ponían su tesoro para sus gastos. A sabiendas de que no eran capaces de usarlo para nada. Pero que les venía de perillas cuando regresaban después para robárselo. En los tiempos modernos el entierro más extraño que conozco es el de la suegra. Que dicen que hay que enterrarla boca abajo.

En la antigüedad los velorios tenían la gritería garantizada. Para eso se contrataban las plañideras. Que eran lloronas de a "tanto el grito..." Y que servían además para establecer la categoría social del muerto. Que se conocía por el número de plañideras.

En Cuba la categoría del muerto se conocía antiguamente por el número de caballos. A más caballos más importante el muerto. Un muerto con cuatro parejas de caballos tirando el coche era todo un señor. Que viajaba elegantemente. Y despacio. Porque la carroza no se movía de acuerdo al número de caballos que tiraban, sino a la importancia del pasajero. Dependía de si era un V.I.P. (persona muy importante) o un M.D.H. (muerto de hambre). Lo cual, por otra parte, producía una contradicción en la ecuación de fuerza vs. velocidad. Pues los entierros con dos caballos viejos y famélicos eran una verdadera bola de humo. Y los que iban a pie detrás, que reventaran. Por eso algunos se adelantaban en guagua y se colaban disimuladamente entre los de a pie a dos cuadras del cementerio. Sin que lo notasen los dolientes. Para hacerles creer que, como buenos amigos, se habían "disparado" la caminata. Y es que una caminata de aquellas era un verdadero vía crucis. Sin Cristo.

Hoy en día los entierros están motorizados. Y no hay quien se lance a pie. A menos que le guste viajar en un guardafango. Los entierros motorizados hacen que los familiares del muerto se sientan importantes. Como el Presidente. Van en "limousine" detrás de la del muerto. Con escolta policial y todo. Como la mismísima Reina de Inglaterra. La caravana de automóviles que les sigue disfruta del raro privilegio de violar la ley "llevándose" la luz roja de todos los semáforos del pueblo. Con la autorización de la policía. Se siente cierta satisfacción después de todo. El problema de la caravana es que a veces se intercalan algunos que ni van al cementerio ni les importa un pito el muerto. Pero que lo confunden a uno. Que si no sabe adónde está el cementerio, se les pierde el muerto. Y la oportunidad de que los familiares vean que él fue. Que es lo más importante. Los que se intercalan, a veces son entretenidos. Que no se dan cuenta de las luces encendidas de los automóviles de la caravana. Otras veces son los mismos descarados que corren detrás de las ambulancias. Para llegar pronto.

Son muy variadas las razones por las que se asiste a las reuniones sociales. A los velorios se asiste por amistad, que son los que sienten de veras el dolor del amigo. También por necesidad, que son aquellos a los que no les queda más remedio que "cumplir" con algún pariente del muerto. Por desgracia... porque se enteró sin querer. Porque hay gentes que no saben en que día viven, pero se pasan el tiempo leyendo los obituarios para enterarse quién se murió. Y no tienen nada mejor que hacer que jeringarle la vida a los que no hubieran querido enterarse. Ni quisieran ir al velorio. Pero ya no les queda más remedio. Estos "noticiosos" son periodistas frustrados. Que logran una primicia con la noticia del muerto. Y hay que ver lo importantes que se sienten.

También están los que asisten por interés. Buscando sacar alguna lasca a costa de las relaciones del muerto. Otros asisten por curiosidad. Son los pendencieros. Que los hay. Y son además los únicos idiotas de la reunión. El único que va por obligación, es el muerto. El denominador común a todos es la necesidad de ser vistos.

Al único que le importa eso un bledo es al muerto. Que es al que más miran. Para comentar después que parece que esta dormido. Lo único que diferencia algunos dormidos de los muertos, son los ronquidos. Porque hay algunos que no están muertos, pero lo parecen. Y es necesario ser vistos porque, dejando a un lado la amenidad social del evento, dispararse un velorio sin que lo vean a uno los parientes del muerto no tiene sentido. Y porque aunque hayan firmado el libro de registro es preciso que le vean a uno la cara compungida. Y su lagrimita boba. Si puede. Estos no son los amigos de verdad. Pero lo pretenden. Son los que quieren que se mida su grado de amistad por la fuerza de los manotazos en la espalda. Los dolientes se fijan más en otras cosas.

A la hora de despedirse siempre se le dice al doliente que lo acompañarán al entierro, sin falta, al otro día. Aunque no tengan la más ligera intención de ir. A lo que el doliente le contesta que no tenga pena, que él sabe que el (o ella) tiene que trabajar al día siguiente. Con lo que el otro se va contento. Y no va al entierro auque sea el 4 de julio. Para eso ya lo vieron.

A los velorios de personas importantes (V.I.P.s) no falta nadie. Como en las cafeterías de moda. A las que muchos van para ver y ser vistos. Aunque la comida no sirva para nada. Y las exhibiciones de arte. A las que algunos asisten para que lo crean culto. Y en las que, más interesante que lo que expresa la obra, es observar la expresión inteligente de los que las contemplan. Sin saber lo que están mirando. Ni entender nada. Igual que con los libros que no se leen nunca. Pero que exhibimos en la casa. También para aparentar cultura. Con los que son más ignorantes que nosotros. Porque cuando nos topamos con uno que de verdad la tiene, le decimos que nos fascina escucharlo. Aunque no entendamos una papa de lo que dice. Y no hay quien nos haga abrir la boca.

Los velorios en Cuba eran un acontecimiento en el barrio. Los vecinos se enteraban por el más madrugador. Que había visto el crespón negro colgado de la ventana. Con el que se anunciaba al muerto. Como las banderitas de los lotes de automóviles. Y todos se asomaban para ver el crespón. Y propagaban la noticia. Después llamaban al bolitero. Para jugarle fijo y corrido al ocho.

El resto del día lo pasaban observando el acontecimiento, y cuando traían el servicio funerario para ver cuantos caballos llevaría el muerto. Y en un cuchicheo interminable pasaban el día. Y se preparaban para asistir. Con corbata negra. Para mostrar respeto. Aunque después se pasaran la noche haciendo cuentos de relajo. Con café gratis. Y el velorio se convertía en un maratón. En el que el mejor amigo era el que se iba más tarde.

Era de rigor espetarle al doliente aquello de "lo acompaño en sus sentimientos". Dándole un abrazo y diciéndole que tenía que tener conformidad. Y se añadía siempre aquello de que "ya descansó" y que "no somos nada". Y con eso se apartaba para darle una oportunidad al que le seguía. Para que repitiera lo mismo.

En mi pueblo corría un cuento acerca de un limpiador de letrinas que se encontró una botijuela y se hizo rico de la noche a la mañana. Y quiso desde ese día ser también un V.I.P. local. Se emperifollaba con un traje de dril 100, corbata de lacito, zapatos de dos tonos, sombrero de pajilla y un bastón. Y se colaba en cuanto entierro de V.I.P.s se encontrara. O lo colaban los desalmados. Para que hiciera el ridículo. Pues él no estaba acostumbrado a velorios de clase alta y a sus formalidades. Y dicen que una vez, mientras esperaba la oportunidad de abrazarse al doliente oyó que todos le decían algo que terminaba en "miento" y cuando preguntó qué era lo que había que decir, algún simpático le dijo que "la campana del Ayuntamiento". Y eso mismo fue lo que le dijo al doliente. En los velorios de los M.D.H. la gritería era más espontánea. Y casi nunca faltaba la que le daba un ataque. Algunos terminaban en un acta de policía. Y en la Guantanamera.

En el exilio no nos ha quedado más remedio que americanizar el velorio cubano. Los velorios son en la funeraria. Con varias capillas. Y sin gritería. Imagínense cómo sería el escándalo si todos los dolientes de los diferentes muertos gritasen al unísono. Parecería un "stadium" de pelota. La asistencia al evento tiene horas limitadas. Por suerte. Porque llegamos cuando falta una horita para que cierren y quedamos bien. Porque no nos hemos ido. Nos han botado. Otra diferencia es el café. No hay más remedio que pagarlo. Algo moderno es el velorio del duro frío, que es un muerto congelado. Mientras llegan los parientes. O se concluye algún "business" en progreso. Después de todo, al muerto le da lo mismo. A los que no les da lo mismo es a los que tienen que asistir a un velorio a plazos.

La idea de reunir varios muertos en capillas anexas es ventajosa para los viejos. Pues como sus amigos son tan viejos como ellos muchas veces parece que se ponen de acuerdo para morirse el mismo día para irse juntos. Con lo que, con un poco de suerte, mata el viejo vivo dos o hasta tres pájaros de un tiro. Saltando de capilla en capilla. En estos casos siempre se les dice a los parientes que acaba de enterarse de la muerte del de al lado. Para que piense que vino por el muerto de él y no por casualidad.

De joven, cuando iba a los velorios observaba la caras de los viejos y me preguntaba en que estarían pensando estando tan cerca su turno. Ahora ya no me hago esa pregunta. Porque ya lo sé.

(6)

~*Los Remedios*~

Comúnmente llamamos "remedios" a los medicamentos que usamos para curarnos algo. O para empeorarnos. También los hay para suicidarnos. Unas veces los compramos con receta y otras sin receta. La diferencia está en el riesgo. Y en quien los prescribe.

Cuando la prescripción la da un médico se llama facultativa. Si nos la da el farmacéutico, entonces se llama "intrusismo profesional".

Otra diferencia consiste en que el que receta acierte o no acierte. Porque cuando el médico nos receta lo que está es tratando de acertar. Y para ello nos está poniendo un tratamiento. Que no garantiza que sirva para nada. Porque el médico lo que está es "tratando". Que es además lo único que puede hacer. Como los mecánicos de automóviles. Que lo que hacen es "tratar" para ver si aciertan. Y cambian piezas hasta que dan con la que es.

Cuando el tratamiento sale mal se acaban todos los tratamientos. Y el trabajo lo continúa otro profesional. Pero con alcanfor. Y otras químicas. Y terminamos pareciéndonos a Tutankamen. El tratamiento del mecánico termina con el carro igual o peor que antes. Aunque a veces hasta lo arreglan. Pero, a diferencia de los enfermos, los carros arreglados siempre sufren de recaídas. Pues dos días después de entregados les aparece un problema del que nunca antes habían padecido. Y hay que hacerles otro arreglo. Y la historia se repite. Hasta que cambiamos de mecánico y le contamos al nuevo por qué dejamos al otro. Y es que es la misma situación del médico y la garrapata. Que le pagó la carrera de medicina al hijo.

Otras veces el tratamiento nos lo ponemos nosotros mismos. O nos lo pone Cachita. O Pepa. O cualquier otra persona que conocimos en la cola del mercado. Que nos asegura que sabe de una medicina que es fantástica. Porque es un producto natural. Que curó a su marido. Cuando el médico por poco lo mata. Y ahí mismito la compramos. Y se la recomendamos a todo el mundo. Antes de haberla ni probado. Para que vean lo astutos que somos. Y que somos tan inteligentes que tenemos nuestro propio criterio independiente y no andamos creyendo en médicos. Que los médicos también se equivocan. Y no creen en la medicina natural. Otras veces le empujamos al enfermo un "remedio" que no es natural. De esos que necesitan prescripción facultativa. Que no hace falta para nada. Y que no es otra cosa que un "racket" de los americanos. Porque en Cuba nos recetaba el farmacéutico y nadie se moría. Aunque tampoco contábamos los muertos. Y matamos al enfermo. Poco a poco. O de un tirón.

Hay remedios que no se compran en la botica, sino en la botánica. Y viene "prescritos" del más allá. Pero se compran acá. El intermediario es un médium. Que se comunica con el más allá cayendo en "trance". Y a veces reciben la receta revolcados por el suelo. El del más allá es siempre un congo. Los médiums de clase alta nunca se revuelcan por el suelo. Y es que el congo que tiene afinidad con ellos es un congo fino. Los que compran sus remedios en la botánica siempre dicen que es para un amigo. Como los hombres que compran afrodisíacos sexuales. Que no admiten que es para ellos mismos ni aunque los maten. Y compran tantos que dan la impresión de que todos sus amigos son impotentes.

Hoy en día compran la Viagra por prescripción. Y tratan de que se la despache un hombre en la farmacia. La Viagra pone a los viejos románticos otra vez. Son los viejos reactivados. Como los reservistas. Para terror de la vieja. Que no ha tomado ninguna pastilla. Ni le interesa. Y se vuelve loca inventando excusas para rechazar al arrugado galán. El caso serio se presenta cuando a la vieja se le acaban los pretextos. Y tiene que peinarse o hacerse papelillos. Y se pone firme y se niega. Porque hace rato que lo único que a ella le interesa son las novelas. Pero el viejo está disparado. Y sale a la calle a enamorar. Algo patético. Se siente capaz hasta de violar a alguien. Y termina violando la fidelidad conyugal. Que era forzosa. Y que es lo único que puede violar. Porque no hay a quién. A menos que el viejo quiera caer en lo del abuso infantil.

Lo que si violan siempre los Don Juanes de la Viagra, son las leyes del ridículo. Porque una jovencita con un viejo, es un dulce compartido. En que la mejor parte le toca siempre al más joven de los comensales. Porque el dulce le sale gratis. Porque el viejo paga. Y porque la juventud le permite comerlo más frecuentemente. A veces el dulce lo comparten varios. Pero el viejo sigue siendo el anfitrión. Y sigue pagando. Porque quiere seguir comiendo. Lo que le dejan. Todos los viejos verdes son unos Paganinis. Y no precisamente por virtuosos del violín. Que de ninguna manera tocan bien.

La Viagra ha resuelto el problema de tener que ir al médico y sentarse ahí con un montón de impotentes. Porque se puede comprar por trasmano. Sin ir al médico. Y se evita que lo vean a uno las empleadas de la consulta. Y que todo el mundo se entere que algo no funciona bien. Que es una vergüenza. Y un descrédito. Que es lo que piensa el desgraciado. Porque en la mayoría de los casos ya se sabe. Pues no hay más que mirar al viejo.

El tema en las salas de espera de las consultas médicas son los males que padecemos. En las de los médicos que tratan la impotencia los que esperan hablan de todo. Menos de lo que tienen. O no tienen. Y tampoco pueden decir que vienen a consultarse para hacerle un favor a un amigo.

Los remedios que se compran en las botánicas son los substitutos de las pastillitas del médico. Pero con forma de coco. Y sin manera de meterlo en un pomito. Y hay que llevárselo en un cartucho. Para que nadie nos vea con el coco. Ni con la manzana con cintas rojas tampoco. Porque queremos curarnos. Pero sin que nos digan santeros. Porque no viste bien. Como tampoco viste bien echarse las barajas. Pero las ganas de que nos digan que "Fulanita" o "Fulanito" está pensando en nosotros es muy grande. Y que nos digan que vamos a ser muy ricos. Porque para eso están ahí esas cartas de oro. Que no engañan. En los que creemos que están pensando en nosotros nunca lo saben. Ni tampoco saben de los aceleramientos que sin saberlo causan. Y de las infidelidades mentales que ocasionan. Y salimos de casa de la barajera con la solución de todos nuestros problemas. Y hasta haciendo planes con el dinero que vamos a tener. Y para ayudar en algo a que se cumpla el pronóstico, no nos perdemos ni un sorteo de la Lotto.

Hay quienes en lugar de buscar sus remedios en la farmacia, o en la botánica, prefieren saber lo que les pasa y lo que le va a pasar, sintonizando a Walter Mercado. Sin necesidad de remedios. Porque el horóscopo sí es verdad que lo dice todo. Desde la salud que tienen o que no tienen, hasta cómo curan las estrellas. Y el número que va salir premiado. Con lo del número premiado siempre aciertan. Porque entre los miles que lo juegan, con alguien dan en el clavo. Yo debo de estar más salado que un bacalao. Porque nunca me he sacado nada. Pero eso no quita el mérito a los horóscopos. Que además sirven para enterarnos de quiénes somos. Nos retratan. Ahí si es verdad que no hay error. Y consideramos que nuestro signo zodiacal es el mejor de todos. Y nos sentimos secretamente orgullosos.

Los horóscopos son como la ropa que nos queda ancha. Que ajustamos por aquí y por allá hasta que la adaptamos a nuestra medida. Así, de los horóscopos nos fijamos solamente en lo que nos halaga. Y aceptamos al pie de la letra todos los aspectos positivos. Al resto no le hacemos caso. Esos se aplican a los que nacieron con los astros en una conjunción negativa. Y salimos más que inflados. Y ¡qué carácter el que comprobamos que tenemos! Porque ya lo sospechábamos. Los horóscopos actúan como un remedio psíquico. Para idiotas. A los que sirve de estimulante.

En un horóscopo de mi signo que leí en un diccionario enciclopédico decía que somos ases naturales del timón. Unos verdaderos Fangios. Ya he estado a punto de "hacerme leña" más de una vez después de leer eso. Porque todavía me lo creo a veces.

Hay males para los que no hay remedio que valga. Ni hace falta. Porque lo que tiene que hacer el enfermo es acabar de morirse. Porque le llegó la hora. Pero no quiere. Y es como si no quisiera acabar de irse sin antes acabar con los demás. Y se aferra a este mundo hasta que lo logra. Y se muere cuando le da la gana. Mientras tanto tiene a todos esperando y sin poder hacer planes. Sobre todo si tiene dinero. Y herederos. A estos enfermos no los mata ningún médico. Ni ningún babalao. Ni el pensamiento de los herederos. Nadie.

Sencillamente no tienen explicación. Y nos recuerdan a Don Rafael del Junco, y "El Derecho de Nacer"....Que cuando al fin se murió, todo el mundo se alegró.

(7)

~*El Cubano Hamburgado*~

Un cubano hamburgado es un cubano aplatanado. Pero en los Estados Unidos. En Cuba los aplatanados eran los gallegos, pues aunque se desgañitaran aclarando que eran asturianos, catalanes o lo que fueran, les seguíamos diciendo gallegos. Y es que de todos los españoles, los gallegos eran los que más se destacaban. Por brutos. Y por nobles. Por padrazos y por sufridos, y por mal hablados. Y por ser testarudos como las mulas y sobre todo, porque los queríamos. Nuestros abuelos. Que formaron nuestra raza y nuestra idiosincrasia. La mujer del gallego aplatanado era casi siempre cubana y especialmente una mulata. Que además, inventaron ellos. Y que después se disputaban con los chinos.

El proceso de hamburgarse comienza en el momento en que nos comemos el primer hamburger. Atrás quedó la frita que nos comíamos al salir del cine. Es curiosa la adaptabilidad del cubano. Todavía no habían acabado de retirar la escalerilla del avión en que llegamos y ya nos habíamos puesto un "short". Un short es la pieza más idónea para parecer un idiota. O un jefe de "boy scouts". Que es lo mismo. Pero nos sentíamos integrados. Y mandábamos una foto a Cuba. En mocasines o chancletas por la Calle Ocho. Para que todos vieran que sabíamos vestirnos igual que los americanos con nuestros "shorts". Y lo que lográbamos era parecernos a Cantinflas en calzones cortos. Y lo que veían los americanos era lo velludo que teníamos el pecho y lo gritones que éramos. Y lo barrigones que somos. Y no nos dábamos cuenta que la Calle Ocho no es Collins Avenue, ni tiene playa. Pero eso no le importa al cubano hamburgado, que en el fondo está pensando que el americano lo observa porque lo admira. Y lo que el americano está pensando es en ir buscándose cualquier otro lugar, para mudarse.

El cubano hamburgado se da cuenta muy pronto que lo único que necesita para parecer un verdadero americano es aprender un poquito más de inglés. Porque él estudió bastante con el libro de Jorrín en Cuba. Pero algo pasa que a todo lo que dice, el americano le contesta con un "pardon me". Y eso aquí parece que quiere decir que no lo entienden. Pero eso no importa, si no entienden, peor para ellos. Ya tendrán que aprender a hablar en español. Algunos, mientras tanto, hacían lo posible y se matriculaban en el English Center. Y aprendían lo que las cotorras viejas. Nada. Pero la culpa es de los maestros que son unos retrasados mentales. Y de nada valía que les hablásemos despacito en español y bien alto y claro. Y lo único que lograban era que el americano sonriera y le dijera lo de "pardon me" o "I beg your pardon".

Lo que aprendieron muy pronto los americanos fue cómo enseñar a manejar a los cubanos hamburgados poniéndoles multas de tráfico por montones. A pesar de que somos unos verdaderos Fangios al timón. Y que les explicábamos que habíamos aprendido a manejar en Cuba desde que teníamos doce años. O que habíamos sido chóferes de la Ruta 28 en La Habana. Y que allí sí es verdad que el que no sabía manejar, quedaba. Pero el policía le daba la multa de todos modos. Abusadores. Porque tenían un uniforme y eran grandísimos. Y parejitos. Todos como hechos por un mismo molde. Pero ahora... ahora le hemos echado a perder la elegancia al cuerpo de policía con unos cubanazos que parten el alma. Unos del alto de Benitín al lado de otro parecidísimo a Eneas. Pero no tienen nada de cómicos. Ni de hamburgados. Porque se han olvidado de que son cubanos y a la hora de darle un toletazo a uno, no andan creyendo en patriotismo.

Un gallego aplatanado, cuando soñaba, no soñaba con La Coruña, soñaba con Cuba. Los cubanos hamburgados soñamos también con Cuba. Pero despiertos, mientras le contamos a la víctima de turno las mentiras de lo que perdimos en Cuba. Y no es que seamos mentirosos por gusto. Es que somos echadores de nacimiento. Y no lo podemos evitar. Otros son simplemente exagerados. Que es lo mismo. Porque toda exageración es una mentira.

Una prueba de la asimilación del hamburgado la observamos en la facilidad con que hemos adoptado las festividades y fechas patrias de los americanos, pero eso sí, conservando las nuestras. Así le hemos procurado nuevos amigos a los Reyes Magos presentándoles a Santa Claus. Con lo que les creamos un conflicto a los niños, que no saben a quien hacerle la carta. Ni cómo entran los Reyes Magos por la chimenea, igual que Santa, sin que se les ataruguen los camellos.

Y celebramos el "Thanksgiving" como si fuéramos los mismísimos peregrinos del Mayflower. Y me pregunto qué van a hacer con el Thanksgiving los cubanos que algún día regresen a Cuba. Porque allí la fiesta con los indios terminó en Caonao como la del Guatao. Y no le dimos las gracias a nadie. Y de contra les robamos el casabe.

Aquí, para mostrar nuestra formación patriótica y cívica nos hemos apoderado de todos los cables de semáforos de las calles de Miami para colgar de ellos los nombres de nuestros próceres. Y otros y otras que no lo son. Y los americanos se vuelven locos tratando de averiguar cómo encontrar la calle "Chicho García Boulevard", sólo para enterarse que eso era solamente una cuadra y que le cambiaron el nombre por el de "Tata Pérez Blvd.", porque a Chicho se le complicó algo con su negocio de importación de calabazas colombianas y le han quitado el barco, la plata y hasta su V.I.P. Y dicen que está preso. Y hubo que bajar a la carrera el cartelito con su nombre del cable del semáforo y colgar a Tata.

El hamburgamiento del cubano es gradual. Un día notamos que nos molestan las moscas. Si estuviéramos en Cuba el problema de las moscas se resolvía con un papelito con pega para agarrarlas que colgábamos en algún lugar. Y además no importaban mucho a nadie. Ni las cucarachas. Pero aquí es diferente. Como se le ocurra a una mosquita entrar en la casa, en el acto se organiza la familia entera para cazarla y se siente el mismo orgullo de un cazador de rinocerontes cuando alguien proclama que la ha matado. Un cazador de rinocerontes es alguien que desarrolló su gusto por la cacería matando pajaritos con una honda o tiradera cuando era niño y que ya de grande no calculó bien la diferencia al cambiar el tipo de caza y se le fue la mano. Pero el orgullo por la pieza cobrada es el mismo. Lo único que no puede hacer el cazador de moscas es disecar la cabeza para colgarla en la pared.

Otro día notamos que nos indigna que nos toquen un fotutazo. Y le enseñamos el dedo al insolente; pero sin acercarnos mucho. Porque a lo mejor nos suena otro fotutazo. Pero con plomo. Y eso de botar algo por la ventanilla—¡que gentuza!, el muy puerco. Lástima que no lo haya visto un policía para que le pegaran tremenda multa. Y le pasamos por al lado mirándolo con cara de reproche y desprecio. Y nos olvidamos que en Cuba sonábamos los fotutazos en todas las esquinas y el primero en pitar pasaba primero. Y que el lugar para botar cualquier cosa era la calle por la que íbamos.

Pero es que estamos hamburgados y no lo sabemos. Y criticamos al puerco ese para sentirnos cívicos y buenos ciudadanos. Y ser como los americanos que veíamos en las películas. Tremendos ciudadanos. Eso en la conducta. Porque en lo que respecta al físico el parecido más cercano que ha logrado el hamburgado de la Calle Ocho con los americanos es con Don Pancho y Ramona y los más oscuritos y velludos, con Trucutrú.

De todas maneras, los prototipos de las películas tampoco abundan entre los americanos. Que eran además unos idiotas. Porque el crimen no pagaba. Y los agarraban siempre que violaban la ley. Y cuando el bueno estaba a punto de reventar al malo, le perdonaba la vida y lo entregaba a la policía. Y nos dejaba con las ganas. Las películas de ahora son diferentes. Porque el bueno es un sadista. Y cuando agarra al malo se convierte en un Frankenstein. Y las disfrutamos.

En las películas de antes cualquier negro era actor, pues lo único que hacía era de sirviente o de boxeador. Y preparar la litera en el tren. Con tremenda sonrisa y sus dientes muy blancos. Por cierto que había un solo negrito para todos los trenes. Hoy en día son los jueces, doctores y profesores de las películas. Y hacen muy bien sus papeles. Pero sería interesante verle la cara a un "redneck" diciéndole "your Honor" a un juez negro.

Y eso de que el crimen no paga que se lo digan a Monguito que vino en una tabla no hace tanto tiempo y ya realizó el sueño americano. Con su negocio de flores. Y le ha disparado tremenda fiesta de quince a la hija. La niña llegó en paracaídas a la fiesta vestida de mariposa, con la mamá también de mariposa, pero vestida de negro, que parecía una tatagua. El "boyfriend" salió de detrás del piano a recibirla. Vestido de Robin Hood. Acompañado de Mongo y tres amigos vestidos de mosqueteros. Que hacían de guardias de honor a las mariposas. No pudieron encontrar floretes, pero solucionaron con unos machetes. De todas maneras, ningún asistente notó la diferencia. Mongo llevaba la camisa abierta abotonada en el ombligo, para lucir su medallón de la Virgen de la Caridad, que combinó con su guillo de oro. Que pesaba como dos libras. A petición de los concurrentes, la orquesta abrió el baile con una pieza de profundo sabor cubano: El Volumen de Carlota. Un evento social digno de una crónica de Joaquín de Posada en el Diario de la Marina. Y nos decían los americanos que el crimen no paga.

Los afro-americanos, como les llaman ahora, no nos parecieron tan sonrientes cuando llegamos a Miami a quitarles los empleos y sus avances hacia el southwest. Porque a gritos los echamos. Igual que a los judíos. Que veían con horror como no respetábamos sus mucuritas en la franja verde frente a sus casas. Y nos parqueábamos adonde nos daba la gana. Y se fueron para otra parte. Negros y judíos. Y eso que todavía no habíamos descubierto lo cómodo que es parar el auto en el medio de la calle mientras nos tomamos un guarapo.

El hamburgamiento gradual no va con los que llegan ahora. Eso se acabó. Hoy llegan sabiéndoselas todas. Y le aclaran a los del Seguro Social cuanto es lo que les corresponde. Estos son los cubanos pre-hamburgados. Que llegan ya procesados y que lo hacen tan bien, que los negros no se preocupan, pues no le quitan el trabajo a nadie.

(8)

~*Los Bambolleros*~

Una de las características más arraigadas en la personalidad del cubano es la exageración. Porque los cubanos no somos moderados en nada. Sabemos de todo. Y no hay quien nos ponga un pie delante. Ni en posición social, ni en familia, ni en nada. Y estamos informados de lo que sea. Porque siempre estamos en la viva. ¿Y dinero? Bueno, en eso no hay cubano que no repita aquello de que "tanto tienes tanto vales". Y lo aplicamos al pie de la letra. Y si no lo tenemos, inventamos un cuento. Como Callejas. Y hecho a la medida de quien nos escucha. Y mientras más exagerado mejor. Porque más pronto se lo creen. Y somos capaces de hacernos dueños de la Manzana de Gómez mirando a quien sea a los ojos. Sin pestañear. Y contar cómo nuestra familia fue la que construyó la Manzana. Cuando los Gómez no eran nadie. Y como fue años después que la compraron los Gómez. Que por cierto aún debían parte del dinero cuando llegó Fidel. Lo que pasa es que esas cosas no las sabe la gente. Y por eso hablan tanta bobería. Y a los Gómez no les hace ninguna gracia que eso se sepa. Y escudriñamos la cara del otro para ver si se lo está creyendo. Y el infeliz lo que está es pensando que se lo va a contar a su mujer. Y lo decente y sencillo que era el señor. A pesar de haber sido tan rico. Y de ahí en adelante le dirá a otros que él sabe la verdadera historia de la Manzana de Gómez. Porque él era amigo íntimo del que la construyó. Ha nacido una bola cubana. Y el bambollero se va también contento porque contando el cuento se sintió importante y rico. Ante la candidez del otro.

Eso explica el crecimiento acelerado de la Isla de Cuba. Cuyo tamaño debe de ser como el doble de los 114,524 kilómetros cuadrados que decía la geografía de Levi Marrero que tenía. Porque las matemáticas no engañan. Y si no, tengan la paciencia de anotar el tamaño de las fincas que tenían los exiliados. Y sumen. Y cada vez que hablo con un cubano tengo que añadirle un pedazo más. Es como si Cuba no fuera de corcho como decían. Si no de goma. Pues se estira que es una maravilla. Dependiendo de quien está escuchando. Y de quien está hablando. Mientras más crédulo parezca el que escucha, más grande era la finca del otro. Quién nos iba a decir que íbamos a hacerlo mejor que los holandeses. Que dicen que han hecho a Holanda. Robándole su fondo al mar.

El bambollero confianzudo nunca es un extraño después de los primeros dos minutos de conocerle. En el acto te pregunta de qué parte de Cuba eres. Y tú le dices que de La Habana. Aunque seas de un pueblito donde la estación de ferrocarril tenía un solo banquito para sentarse. Porque era un apeadero en la tierra de nadie. En el que siempre había un jamaiquino con un gallo fino en una bolsa. Asomando la cabeza. Y es que no te da la gana que te esté interrogando.

Para guardar cierta distancia lo tratas de usted. Y no se da por enterado. O te dice: trátame de tu, que yo no soy tan viejo. Y te dice que le digas Chayo. Y Chayo lo que quiere es entrar en confianza. Sentirse cómodo. En familia. Cuando un cubano pregunta mucho, lo que está tratando es de ubicarte. Para saber cómo tratarte. Y si no pasas el escrutinio, te salaste. Porque te tira a mondongo. Por eso les decimos tantas mentiras a los preguntones.

Al bambollero que quiere pasar por habanero lo detectamos enseguida. Cuando nos suelta un carbón con R y no con L. En Cuba o éramos de La Habana o del campo. Que según ellos era el resto de la Isla. La pregunta que sigue es saber cuánto tiempo llevas en el exilio. Eso le indica si eres un batistiano o un fidelista. Y te sigue ubicando. Para no meter la pata. Después viene el tema de lo que le robó Fidel al pueblo de Cuba. Y ya está. Ahora le toca a lo que le robó Fidel a él. Que es con lo que Fidel se hizo millonario. Y a continuación la primera exageración. Convirtiendo la bodeguita que tenía en un almacén al por mayor. Y lo que hace es provocar el deseo de coger el turno para subirle la parada.

El nuevo rico que alardea de dinero es un Chacumbele nato. Que con los alardes de riqueza se delata él mismo como lo que es. Y es que no ha aprendido lo que saben bien los otros ricos: que el alarde de dinero es un imán para pedigüeños. Por eso, cuando les preguntas cómo anda la cosa te dicen que la cosa no anda nada bien. Y que no le pagan. Y no hablan de lo que tienen. No vaya a ser que le pidas algo. Porque o se quedan sin amigos, o sin dinero. O sin los dos. Porque hablarle de dinero a uno que está en la fuácata es como comerse un filete frente a un hambriento. Pero es que el deseo de que todos sepan que ya no es un muerto de hambre, no le permite al nuevo rico parar de alardear. Porque además sabe que lo único que reciben los arrancados es desprecio. Para hablar de riquezas y familia de alcurnia hay que ver bien quiénes están escuchando. Y que no esté presente Paquito, que apuntaba terminales y conocía a todo el mundo. Y que se le ocurra preguntarte si tú no eras el que vivía en la cuartería de Magdalena la que echaba las barajas. O se acuerde de cuando jugabas a las damas en un cajón en la acera de la venduta. Y ahí mismo se te cae el altarito.

La escala social se asciende o se trepa. El nuevo rico la trepa. A base de billetazos. Y papelazos. Pagándole tragos a todo el que le pasa por al lado en el club. Porque ya se hizo socio de un club exclusivo. Un club exclusivo es aquel en el que le echan bola negra a todo el que no sabe darse su lugar. Que es algunas veces el lugar de donde salió el que le dio bola negra. Antes de prosperar. Y cambiar de barrio. Hay bambolleros que posan de sencillos. Y hablan mal de la sociedad. Pero mencionando con familiaridad nombres conocidos para que el otro se dé cuenta de las amistades que él tiene.

Otros presumen de cultos. En todo. Y no saben que ser culto hoy en día es saber un poquito de algo. Y absolutamente nada de todo lo demás. Como los médicos. Que antiguamente sabían de todo. Y lo mismo lo sobaban a uno, que le enganchaban cien sanguijuelas. O recetaban una jeringa. Y aquella cánula. Que no faltaba en ningún hogar. Y la recordamos. Blanca, erguida, con su manguerita roja. Al lado estaba el no menos terrible aceite de ricino. Y el Hombre con el Bacalao a Cuestas....Hoy en día le dices al médico: doctor, tengo un dolor terrible en una oreja ¿qué puede ser eso? Y el médico te contesta "depende de qué oreja. Yo soy especialista solamente en la derecha". Y te refiere al Dr. Gacho. Y Gacho te manda a hacer un scan. O un MRI. Y una radiografía. Y te da unas muestras. Y un turno para dentro de treinta días. Y hasta te manda a buscar....Y te llevan en una guaguita con otros viejos descongollados. Que se pasan todo el tiempo exagerando sus males. Para asombrar a los otros y sentirse importantes. Y tú con lo de la oreja no puedes competir. Y sacas a relucir cómo por poco te mueres con tu apéndice supurado. Cuando tenías quince años. Y te salvaste porque acababan de descubrir la sulfa.

El bambollero que alardea de cultura artística no se pierde una exposición de pintura por nada del mundo. Y se planta frente a la pintura que sea con gesto abstraído. Como el profesor Nimbo. Y si le pedimos su opinión de la pintura nos dice que es un cuadro muy profundo. Aunque sea un cuadro del Pico Turquino. Y no tenga agua por ninguna parte. Y si insistimos en saber qué ve en la pintura, nos dice que todo el mundo ve algo diferente. Y con eso sale del paso. Lo misma profundidad podría hallar observando e interpretando las nubes.

Para alardear de cultos hay que tener muchos libros. Bien visibles en la sala de su casa. Para que los vea todo el mundo. La colección de rigor incluye una o más enciclopedias. Que lucen como si las hubieran acabado de sacar de la caja. Porque nunca han leído ninguno de esos libros. Nunca faltan La Enciclopedia Cubana y las Obras Completas de José Martí. Que tampoco se han leído. Pero hay que parecer que se es un cubano patriota. A veces se empatan con libros raros. Que son tan extraños para ellos como un papiro egipcio. Y de los que no entienden ni el título. Pero que los hace parecer más intelectuales. Y no es que no lean algo. Pero lo que leen lo llevan siempre doblado en los bolsillos. Que son las novelitas del oeste y de misterio. Que leen en el inodoro.

Y es que los servicios sanitarios tienen ambiente de biblioteca. Con íntimo aislamiento. Que invita a la lectura. Y no hay quién se duerma. Como en la biblioteca pública. Adonde van los que no saben donde meterse. Como los jubilados. Que ya no ven. Pero duermen. Los demás son los lectores de periódicos. Y un surtido de ejemplares humanos raros. El ejemplar más raro era la bibliotecaria. Que era la señorita más fea y virtuosa del pueblo. Y no había forma de saber si eran señoritas porque eran virtuosas, o por feas. O si lo eran a pesar de ellas. Eso se acabó. Pues con lentes de contacto ya no parecen bibliotecarias. Y no tienen que ser un ejemplo de virtud. Pues ya a nadie le importa eso un pito. Además, serían un anacronismo.

En Cuba era muy importante ser de buena familia. Una buena familia tenía que ser blanca. O parecerlo. O tener algún abuelo gallego. Porque si no tenían de gallego, entonces tenían de Carabalí. Y se fastidiaba la cosa. Y el gallego era la prueba de blancura. Aunque los franceses digan que África comienza en los Pirineos.

Para darle rango social al gallego le colábamos un De o un De La delante del apellido. Como señal de abolengo. Cuando en realidad los DE y los DE LA se originaron para identificar de dónde era el gallego. Porque no tenían apellido. Y los conocían por la aldea de donde eran. Y no se hablaba de las alpargatas con que desembarcó en Triscornia. Pero el gallego metía la pata. Y lo decía. Porque estaba orgulloso de cómo había levantado un capital trabajando como un mulo. Y enseñaba fotos de la familia. Con unas viejas vestidas de negro que parecían pinturas de cuando la peste asolaba a Europa. Y los rostros curtidos de los viejos. Igualitos a los sepultureros que llevaban los carretones con los muertos. Y nuestro único pensamiento era desear que terminara el cuento y se callara.

Había abuelas que era imposible enseñar. Y los hijos vivían con el temor del salto atrás. Y es que la genética juega a veces unas bromas pesadísimas. Como a la gallina que le pusieron un huevo de pato en el nido. Y el cuá cuá lo delataba. Y todo el gallinero hablaba mal de ella. Y es que los afro-cubanos sólo se aceptaban para el servicio doméstico. Y para amamantar niños blancos. Y lo proclamábamos discretamente, como algo natural. Porque vestía bien haber tenido una nana negra. Y de paso dejaba ver que no teníamos sentimientos racistas. Pero como antepasados eran tabú. Y condenábamos la esclavitud. Para poder hablar de la cantidad de esclavos que tenían nuestros abuelos. Para que se dieran cuenta de nuestro abolengo. La prueba más contundente que se conoce de la igualdad es cuando nos empujan sangre de un indio Putumayo en una transfusión. Y sobrevivimos.

Aquí no es un aristócrata el que no quiere. Pues eso se resuelve con $19.95. Comprando el escudo de armas de tu apellido. Y de contra un pergamino lindísimo. Que dice que el apellido Fernández viene de Fernando. Aunque no te dice qué Fernando. Y si no tienes nada de Fernández resuelves igual con un González. De todos modos, ellos te resuelven. Y el bambollero lo cuelga en la sala. Bien visible. Y ya tiene sangre azul. Que se decía de los hemofílicos. Y que llegó a los reyes de España a través de la familia real inglesa.

Hay quienes son millonarios por un día. Cuando van de visita a Cuba. Pues lo primero que preparan para llevar son las fotos. Junto a un carro del año o el bote de otro. La cosa es impresionar a los de allá. Cuando vuelve se reintegra a la factoría. Y atrás quedan los parientes impresionados con lo inteligente que es Pepito. Que está riquísimo en los Estados Unidos. Y la impresión les dura hasta que se aparecen un día aquí y tienen que dormir tres en una cama en la casita de Pepito.

El anonimato del exilio le permite a Juan Bimba decirnos, con la misma cara seria que ponemos al entrar a la funeraria, que él era en Cuba tremendo hombre de negocios o colono, ganadero o lo que fuera. Aunque el único contacto que jamás tuviera con el ganado fuera cuando iba a la carnicería a que le regalaran piltrafa y un hueso para el sato. En Cuba siempre estaba expuesto a que le pasara lo que pasa con las amigas de la escuela. Que no pueden quitarse los años entre ellas. Porque sacan la cuenta. ¡Y qué memoria la que tienen! Y una vez que empiezan con el tema no paran hasta que sacan al aire la edad del colegio entero.

Hay bambolleros que repiten tanto sus mentiras que terminan por creérselas ellos mismos. Y a veces hasta nos convencen. Y cuando nos damos cuenta de la categoría del personaje que tenemos delante empezamos a inventar nosotros también. Para no ser menos. Y se inicia una competencia que no acaba nunca.

Dos bambolleros intercambiando grandezas es algo digno de verse. Pero bueno, para eso somos cubanos. Aunque seamos bambolleros. Y no queremos ser suizos ni de ninguna otra parte. Y dejaríamos de ser cubanos si no fuéramos exagerados y echadores. Sin maldad, eso sí. Y aunque somos incapaces de perder la oportunidad de presentarnos como lo que quisiéramos ser, a veces, de tanto desearlo, nos esforzamos y lo logramos trabajando.

(9)

~*El Cubano Inventor*~

U n inventor es alguien que procura satisfacer una necesidad existente con una nueva idea o invento. Un cubano inventor es alguien que tenía la solución del problema antes de que surgiera. Porque el cubano tiene una solución para cualquier problema exista o no. Esa es la razón por la que ha hecho de la frase "No hay problema" una expresión nacional, a la medida de un pueblo de inventores natos. Que lo mismo inventan algo nuevo que inventan otros usos a lo que ya existe. Como hicieron con la gritería que arman los recién nacidos para que les den de mamar. Que la adoptaron y elevaron a la categoría de idiosincrasia cubana. Y la dotaron de tonalidades adecuadas a cualquier situación.

Los niños de otras nacionalidades abandonan la gritería cuando crecen. Si el recién nacido es cubano conserva el invento de la gritería para toda la vida. Y ya no hablará en voz baja ni en el confesionario. Con este invento se eliminó la discreción en nuestro carácter. Reservándola para contadas ocasiones. Como cuando estamos pidiendo dinero prestado a alguien. Y no queremos que nadie se entere de lo arrancados que estamos. Aunque a veces no funciona. Porque el otro no coopera. Y lo grita todo. Como hizo un conocido garrotero y borracho de nuestro pueblo al que se acercó un señor de aspecto respetable, en un conocido bar y le dijo algo tan bajito, que era casi un susurro. Y el otro le contestó a voz en cuello: "¿Que te preste setenta y cinco pesos para comprar una yegua? ¡Qué va, mi hermano, si a los que andan a pie no los alcanzo!". Fue algo patético.

Cuando un cubano te llama aparte y te habla en voz bajita, juégatela al canelo, que se trata de uno de los tres siguientes temas: te va a pedir prestado, va a hablarte mal de alguien o tiene una noticia de buena tinta que no puede permitir que sepa nadie y que te confía en secreto. Secreto que dura hasta que te vas. Porque lo que es callado no te vas a quedar. Para despellejar a alguien comienza hablando bien de la víctima, alto, para que lo oigan. Pero después de un pero, la voz se hace inaudible. Y es que comienza a desollarlo. Si la víctima esta adonde puede oírlo, te cuenta el chisme con la mirada. Y es casi como si sus ojos hablaran para indicarte que el tipo está a dos pasos de ustedes. Por eso te dice que no mires para allá. Pero, salvo estas pocas excepciones, el cubano habla para que lo oiga todo el mundo. Y se deleita en ello. Porque está convencido que todo lo que él dice es la Biblia.

Un cubano silencioso es sin lugar a duda un cubano afónico o mudo. A menos que se trate de un jefe indio americano naturalizado. Que de todas maneras termina por descruzar los brazos y gritar y gesticular igual que los cubanos. O tiene que renunciar a hacerse oír. Y poder contar su cuento también. El cubano educado se guarda la peor gritería para el ámbito familiar. Entre esposos. Porque lo que se gritan al calor del hogar no se lo pueden gritar al resto de los mortales. Los cubanos menos finos le gritan hasta a la madre de los tomates. En todas la ocasiones. Adonde sea. Y delante de quien sea. Y no andan distinguiendo. Sencillamente no saben hablar de otra forma. Adquirida a tan temprana edad, la inclinación a inventar ya no abandonará jamás al cubano.

Pero donde la agilidad mental del cubano ha demostrado su excelencia es en la habilidad de hacerle un cuento al pinto de la paloma. Sin excluir ni a Fidel. Que le vendieron un barco de café en cuarenta millones de dólares y el barco tenía de todo. Menos café. Esta habilidad del cubano cuentacuentos ha resultado ser el Talón de Aquiles de Fidel, que no ha logrado evitar que los atletas cubanos le pongan cola a todos sus planes para evitar que se le vayan. Pues con sus cuentos logran que los elijan para jugar en el extranjero y se les quedan por acá.

De modo que el cuento del que hablamos no es como los de Callejas ni los de Pepito. Es una categoría especial que nos distingue. Y nos ha dado fama internacional de cuentacuentos. Que los envidiosos califican como un defecto cuando no es sino un reflejo de la idiosincrasia del cubano que se niega admitir la derrota en forma alguna. Y lo expresa diciendo que no hay problema. Porque no importa cuál sea el problema el cubano se siente seguro que él le encuentra solución. Y si para probarlo tiene que inventar un cuento, pues lo inventa. ¿Que el avión no puede levantar vuelo? De algún lado aparece un cubano que es ingeniero especializado precisamente en ese tipo de aviones. Y si lo arranca se sube.

Es raro el cubano que no haya pensado alguna vez en inventar algo. Y se le ocurren tremendas ideas. Lo que pasa es que Pepe no ha tenido suerte. Y se pasa la vida explicándole a todo el mundo en qué consiste el invento. A pesar que su mujer le ha advertido que se lo van a robar. Como siempre. Porque Pepe ha inventado maravillas, pero es muy confiado. Y el invento lo patenta otro. Pero Pepe sigue inventando. Y está buscando un socio para poder patentarlo. Porque cuesta mucho. Pero sin darle muchos detalles al socio. No vaya a ser que se lo robe. Y el socio no quiere jugar a la gallinita ciega. Y piensa que Pepe lo quiere timar. Que es lo que algunos farsantes hacen. Y algunas compañías prestigiosas también. Y se le traba el invento a Pepe.

Pero a Pepe no le importa mucho, pues se siente como si tuviera en el bolsillo el boleto premiado de la loto. Y se visualiza a sí mismo negociando el invento con tremendas compañías americanas. Que van a volverse locas por adquirir el invento. Pero nada sucede. Y es que los inventores son una categoría especial de soñadores. Como los bohemios. Y llegan a creerse los émulos de Edison y Graham Bell. Aunque lo único que conozcan de la luz y el teléfono es la cuenta que les pasan todos los meses.

Ya yo he perdido la cuenta de los cubanos que he conocido que han logrado inventar el motor que funciona con agua. Que yo recuerde, he oído como de diez cubanos que lo han inventado. Pero las compañías petroleras americanas los han matado. O les compraron el invento para que se callaran. La cosa es que no se ha vuelto a saber nada de ellos.... A mí me aseguró un cubano, que él sabía de buena tinta, que el gobierno americano sabe perfectamente lo que hay en el asunto.... Igual que los platillos voladores. Un día de estos va a descubrir el mundo la verdad de los platillos voladores. Cuando capturen uno. Y ¿quiénes creen ustedes que van a ser los astronautas del platillo? Apuesten a eso.

Una característica común a muchos inventores es la haraganería, que sin embargo ha sido fuente de grandes inventos originados en el deseo de esforzarse menos o no trabajar del todo. Así, al vago que no quería cargar el cubo hay que acreditar el invento de la tubería. Y antes había ya inventado la rueda para llevar el cubo hasta el río. Este haragán adelantó el progreso de la humanidad en un incontable número de siglos. De modo que no hay que hallar falta en la haraganería de algunos inventores. El cubano no suele entrar en esta categoría. Y cuando es vago de verdad no se anda con rodeos. Y no trabaja en nada. Punto. Y lo que hace es vivir del cuento. Y vive bien.

La inventiva del cubano se aprecia de muchas maneras. Por ejemplo, lo primero que hacemos cuando compramos algo que hay que ensamblar es buscar las instrucciones. Y las botamos. Sin leerlas. Porque son escritas para retrasados mentales. No para nosotros. Que te dicen que cojas un tornillo y que lo aprietes con un destornillador. Y eso es un insulto a la inteligencia. Y le decimos a nuestra señora que nosotros no necesitamos instrucciones para saber armar el tareco ese. Que la lógica nos indica lo que hay que hacer. Hay veces que nos trabamos. Y no damos pie con bola. Y se aparece nuestra mujer desarrugando el papelito de las instrucciones. Pero nos negamos a leerlo. Y no lo miramos ni a palos mientras ella ande cerca. Y si no se va, lo armamos de cualquier manera. Aunque nos sobren piezas. Mientras tanto desbarrábamos de los americanos. Que todo lo que fabrican es una basura.

Hay inventores cubanos que perfeccionan todo lo que manufacturan los americanos. E inventan como hacer que un producto no se rompa nunca. Como los automóviles de los años cincuenta que ruedan hoy en Cuba. Y es que el defecto era obvio. Pero los americanos son unos imbéciles. Porque además, le ha propuesto los derechos de mejoras por lo menos a veinte fabricantes y ni siquiera le contestan. Lo que no sabe el frustrado inventor cubano es que el fabricante puso ese defecto allí para que por ahí mismo se rompa el aparato. Y poder él seguir vendiendo.

Con los inventores ocurre lo mismo que con los boxeadores. Que tienen que ganar una buena pelea para que los tomen en serio y comiencen a ganar plata. Supe de una infeliz que todo lo apostaba a la próxima pelea del novio; pero cuando éste subía al cuadrilátero para lo único que servía la campana era para que le entraran a golpes. Y también para quitarle de arriba al otro cuando volvía a sonar. Al fin ella se casó con el promotor de boxeo de su novio. Que no tenía que fajarse. Y la plata la ganaba con los golpes que se daban los que él conseguía para que se entraran a piñazos. Con un referee dando vueltas alrededor de ellos. Para vigilar que se den los golpes en la debida forma. Pero en cuanto a contar, parece que sólo sabe hacerlo hasta diez. Pues de ahí no pasa. Y cuando para siempre hay un tipo hecho leña tirado en la lona. Y entonces, para colmo, le celebra la gracia al abusador que lo aporreó levantándole un brazo en señal de triunfo. Pues parece que siempre está de parte del que gana.

Una característica única del inventor cubano es la facultad que tiene para re-inventarse a sí mismo. Y si no que se fijen en el exilio. En el exilio he conocido algunos que no sabían enroscar un bombillo en Cuba y aquí son electricistas. Y bodegueros con títulos otorgados en la Calle Ocho y enseñando literatura en Berkeley. Y lo peor del caso, es que pasado algún tiempo de repetir el cuento, se lo creen. Y mirándote a los ojos te aseguran que son graduados de la Universidad de La Habana. Conocí en los años sesenta un cubano dueño de una imprentica en la Calle Ocho que me aseguró que él había graduado más alumnos que el rector Inclán en la universidad de La Habana. Y lo peor del caso es que era casi cierto.

Y supe de una familia cubana que después de años de sacrificios y ahorros lograron su sueño de ir a Venecia para pasear en góndola y escuchar las románticas canciones de los gondoleros venecianos. El de la góndola que contrataron los dejó maravillados con sus canciones tan románticas. Que escucharon felices. Hasta que descubrieron que el gondolero era de Camajuaní.

Este es un caso típico de cubano re-inventado. Que resolvió en esta forma su problema de sobrevivir en la diáspora cubana. Y estamos orgullosos del ingenio y esfuerzos de todos ellos, ¡nuestros inventores! ¡y nuestros cuentacuentos!

NOTA DEL AUTOR

Y al hablar de los inventores cubanos no podemos ignorar que en la categoría de cuentacuentos Fidel Castro pasará a la historia universal como el más grande cuentacuentos que el mundo haya jamás padecido.... para desdicha de nuestro pueblo.

(10)

~*Los Clandestinos*~

Cuentan que al terminar la Guerra de Independencia hubo una concentración de libertadores en un pueblecito de Cuba para darle un homenaje al Generalísimo Máximo Gómez, y había tantos patriotas mambises que el General exclamó: "Si toda esta gente hubiera estado en el campo de la revolución hubiéramos derrotado a España en seis meses". Y contaban que durante la guerra había estado en el mismo pueblecito y el corneta había roto siete cornetas llamando a los hombres a que se unieran al Ejército Libertador. Y sólo se le unió uno. Un español sordo. Que creyó que era una columna española.

Lo que Máximo Gómez no sabía es que en ese pueblo todos eran patriotas; pero tenían que disimular, porque todos estaban clandestinos. Que es lo mismo que pasó el primero de enero del '59. Que los revolucionarios se multiplicaron en forma tal que dejaron chiquita la multiplicación de los panes y los peces bíblicos. Ese día nos enteramos que hasta el Bobo de la Yuca era después de todo un rebelde. Y Pepino, el vecino de al lado, que parecía batistiano, en realidad era un rebelde que estaba en el clandestinaje. Y para probarlo salió el día primero a detener a sus amigos batistianos acusándolos de chivatos.

Eso explica por qué se hacía llamar Roldán. Y es que el primer requisito de un hombre buscado por la policía es cambiarse el nombre. Y Pepino adoptó el nombre de guerra de Roldán. Por lo de Temerario. Igualito que el de los muñequitos. Al nombre cambiado de un delincuente común se le llama "alias". Si el que se lo cambia es un revolucionario clandestino, entonces se le llama *nombre de guerra.* Pero su finalidad es la misma. Despistar a la policía. Que los considera delincuentes a todos por igual. Pues todos violan la ley. Pero no debe de confundirse al delincuente común con el revolucionario. Porque hay diferencias. El delincuente común te roba un pollo. Y el revolucionario te confisca el gallinero. ¡Y nosotros que pensábamos que a Pepino lo estaban buscando por robarse un pato que confundió con un gallo fino!

Pero había también diferencias entre los revolucionarios, que se hicieron evidentes el primero de enero del '59. El valiente de la Sierra y el del llano, o sea, los revolucionarios clandestinos. Se diferenciaban por el pelo largo, la barba y el mal olor, que determinaban la antigüedad. Mientras que los lampiños como Roldán (Pepino) eran los rebeldes clandestinos. Que no estaban alzados. Pero se jugaban la vida en la ciudad. Escuchando a Radio Rebelde. Y que para disimular llevaban una doble vida. Y hasta defendían a Batista en algunos casos. Aunque la diferencia de la barba se esfumó en unos pocos meses, pasados los cuales ya los clandestinos tenían la barba más larga que el Mago Merlin. Como muchos cubanos, Pepino había nacido para presidente de la República y llegó a sargento de barrio. También hubiera querido tener fama de bravo. Pero después que le hincharon varias veces los ojos se aficionó a la coba. Quiso dárselas de mujeriego. Y terminó de cornudo. Entonces, frustrado, quiso hacer plata con los gallos. Pero no tenía gallo y sucedió lo del pato. Y en eso estaba cuando llegó Fidel. Y vio como otros iguales que él eran ahora personajes. Con poder, fama de guapos y mujeres. Y surgió el revolucionario clandestino. Del primero de enero. Que se convirtió en Roldán. Una metamorfosis curiosa, parecida a la que convierte un renacuajo en rana.

El coqueteo de Roldán con la Revolución termina cuando le descubren dos libras de carne en la nevera. No importa que fueran de gato. Y decide que tiene que irse. La meta es Miami.

Ya él tiene un historial de luchas. Desde los tiempos de Radio Rebelde hasta el desafío de tener carne ilegalmente. Y llega inspirado. Porque trae la fórmula con la que va a tumbar a Castro.

Lo más importante es reunirse con los líderes del exilio. Hace unos contactos. Y vienen a recogerlo. Va pensando en la misión tan importante que trae y la impresión que va a causar. Pero adonde lo llevan es a un supermercado. Pepino piensa que el supermercado es una fachada para tener la primera reunión secreta. Pero los que andan con él lo que quieren es verle la cara de asombro. Y le preguntan todo el tiempo que si el supermercado se parece a los de Cuba. Y a Pepino le parece que se pasan de discretos porque le hablan de todo. Menos de la lucha clandestina.

Por eso insiste en entrar en contacto con algún líder del exilio. Y lo llevan al Versailles. Espera tener una conversación privada secreta. Cuando llegan pregunta que quién es el dirigente. Y no entiende la respuesta. Porque le dicen que se empate con cualquiera allí. Que en Miami todos tienen un grupo y todos son dirigentes. Y no lo puede creer. Porque el lugar está repleto. Y es que el 40% de los cubanos de Miami son dirigentes. Con un historial de luchas que dejan chiquitico a Maceo. Y todo se habla a puro grito. Y el nombre de Fidel se oye mezclado con el de una calle llamada Celia Cruz, y las palabras cortadito y pastelito de guayaba.

A Pepino le parece todo muy extraño. Hasta que, mientras se toma un café con leche con un pastelito, discute a fondo la problemática cubana con el camarero. Y se da cuenta que el camarero es todo un estadista. ¡Increíble! El resto son activistas. Que propagan las noticias patrióticas y un quince por ciento, más o menos, son nativos. O sea, americanos rezagados en Miami. Que se pasan el tiempo tratando de hacer que tengamos que ordenar en inglés un arroz con frijoles negros. Y quieren hacer un referendo. Los demás americanos se han ido casi todos. Algunos no han parado hasta Alaska. Pero a los que sólo pudieron llegar hasta Broward County ya los estamos alcanzando. Que *"no van lejos los de alante, si los de atrás corren bien..."* Y se sabe contando las matas de plátano que están tropicalizando el paisaje. Que pondrían verde de envidia al mismísimo Bartolo.

Pero a pesar que ha discutido su plan en el Versailles con el camarero y con algunos de los mejores estrategas militares de los Estados Unidos, a ninguno le interesa. Y es que cada uno de ellos tiene su propio plan. Y eso que, para ganar su confianza les dio hasta los nombres de guerra de los miembros responsables de su organización en Cuba: Pedro, Pablo, Chucho, Jacinto y José. Nombres que inteligentemente escogió él para que el gobierno pensara que eran un conjunto musical. Y son todos hombres decididos a jugarse la vida. Tan pronto lleguen los americanos. Pero no encuentra apoyo en el Versailles.

Pepino se siente frustrado. Hay que hacer algo. Porque la factoría lo enferma. Y porque está convencido de que el único capaz de tumbar a Fidel es él. Con su plan. Que es formar un team de pelota e invitar a Fidel a un juego y cuando vaya al bate tirarle una bomba con forma de pelota. Pero nadie quiere ser el pitcher. Y él no puede porque él juega el "center field". Aunque ha encontrado algunos voluntarios. En el Parque del Dominó. Y para eso ha tenido que gritarles que van a un campeonato en Cuba. Sin darles detalles. Con la idea de darles la bomba y los uniformes del team allá. El problema es que ponerlos en forma cuesta una fortuna. Y el Medicare no cubre los gastos.

Así fue como me enrolaron a mí con un grupo que se proponía desembarcar en Cuba. Y me puse a vender bonos de a veinte dólares, que era el costo de un rifle. Vendí varios en Miami. Todo muy secreto. Hasta el día en que me enteré del plan de guerra completo de los patriotas. Por los periódicos. Con fotos de su unidad naval. En la que iban seis o siete héroes. Y no cabía ni uno más. Parece que hubo un pequeño fallo en la logística. Y se les acabó la gasolina. Y los desembarcaron en Puerto Rico. Remolcados. Les hicieron tremendo reportaje. Fidel se salvó de milagro. Porque si llegan a desembarcar en Cuba habría tenido que alimentarlos.

El único que estuvo en peligro de que lo mataran fui yo. Uno de los tipos a quien le vendí un bono me caía a tiros cada vez que me veía. La suerte es que no tenía una escopeta de verdad y me apuntaba simbólicamente gritándome **¡pum! ¡pum!**. Intenté devolverle los veinte dólares del bono del rifle varias veces y nunca aceptó. Me decía que su arma era una reliquia de guerra y que no estaba en venta. No lo he visto desde hace varios años. Espero que se le haya escapado un tiro. Y que esté con San Pedro. Para que no me saque más sustos. O tendría que cambiarme el nombre y entrar en el clandestinaje.

Nota: a favor de los clandestinos hay que anotar que el primero de enero del '59 se produjo en Cuba una ola de vergüenza colectiva poco común. Aquella horda de santones con crucifijos y rosarios sorprendió la ingenuidad de los más avispados. A los que no le habían tirado ni hollejo a Batista les invadió la vergüenza. Y empezaron a virar las gavetas al revés para ver si encontraban el bono del 26 de Julio que habían comprado y escondido sabe Dios dónde. Nos creíamos muy listos y éramos unos ilusos. Porque llegamos a sentirnos malos cubanos. Y ahora había que probar que éramos también patriotas. Y empezaron a aparecer clandestinos por todas partes. De modo que además de los Pepinos aprovechados, hubo clandestinos avergonzados. Vergüenza que, en cierto modo, los redime.

(11)

~*Familia y Apellidos*~

Hay dos aspectos de nuestras vidas de los cuales nos sentimos orgullosos sin haber contribuido en lo más mínimo a su existencia. Ni existan razones lógicas que lo justifique. Son nuestra familia y nuestro apellido. La familia es refugio y abrigo. Y fuente inagotable de tiras y encoges. En el seno de ella aprendemos lo bueno y lo malo. Y a crecer creyendo que somos algo especial. Porque nuestra familia es importante. O somos unos cualquieras porque los parientes que nos tocaron al nacer son unos chancleteros.

Muy pronto cobramos conciencia de lo que somos. Depende del vientre que nos parió. Del papá que nos tocó. Y de las circunstancias que nos rodean. Si tuvimos suerte nos sentimos orgullosos. Si no la tuvimos, también nos sentimos orgullosos. Aunque hayamos nacido en la familia de Alí Baba y los cuarenta ladrones. En ninguna de las dos situaciones hemos hecho nada para sentirnos orgullosos de la familia. Ya sea que descendamos del Conde Zutano que de Juan Pirindingo. Lo cual prueba lo irracionales que somos.

Otra prueba de la irracionalidad humana es el orgullo de llevar un apellido. Porque el apellido y la calimba o hierro que le ponemos a una vaca no sirven a otro objetivo que marcar el animal para distinguirlo de los otros animales. Y no creo que una vaca se sienta orgullosa por llevar una señal en una nalga. Ni se envanece por eso. Lo cual es prueba de la superioridad del sentido común. De la vaca.

El apellido es el símbolo más importante que distingue al hombre. Y del que más se enorgullece. Aunque se llame Ñico Tángana. Y no tenga ni la más remota idea de dónde salieron ni él ni su apellido. El apellido es lo que nos identifica como miembro de una familia. El cubano rebusca en su parentesco hasta que se topa con algún miembro de la familia que fue importante por alguna razón. Y de ahí descienden todos. Del resto de los parientes mejor no hablar. A menos que haya alguno importante o famoso. De los demás decimos que no somos nada. O que no hemos oído de ellos.

El bienestar económico aumenta el número de parientes a los ricos. A los que en su mayoría no conoce. Ni conocerá. Son los primos por adopción. Todos los muertos de hambre que he conocido tienen algún pariente importante. Que no conoce. Pero son primos. Y si le preguntas al primo, lo niega. Para eso están las ramas. Para ubicar en ellas a los indeseables.

Para defender el apellido de cualquier cosa, decimos que lo llevamos a mucha honra. Aunque no tengamos ninguna. Pues lo mismo lo proclama así la prostituta que el catedrático. Y hasta creemos en nuestro fuero interno, que hay quienes nos envidian por el apellido que llevamos. Cuando la verdad es que a nadie le importa un bledo cómo nos llamamos. Pero se fijan si tenemos dos apellidos o uno solo. Un cubano con un sólo apellido era como una colombina sin chinches. O como una cometa sin rabo. Que les falta algo. Y pensábamos mal de la madre. Y le preguntábamos a la criatura, como quien no quiere la cosa, que de dónde era su papá. Hoy en día las madres no se preocupan ni de averiguar quién es el padre. Da lo mismo. Y a nadie le importa. Mucho más justo y más humano que penalizar al inocente.

El apellido alrededor del cual nos agrupamos en familia es la clave del cubano para averiguar tan pronto nos conoce, de dónde rayos salimos. Y no nos basta que el recién conocido nos diga que se llama Periquito Pérez. Queremos saber también quién era su abuela. Y de qué familia Pérez era su padre. Averiguaciones que se dificultaban a veces. Porque había abuelas que no enseñábamos. Y las escondíamos. Y preferíamos no tocar el tema. Porque no eran tan blancas como los suecos. Como no lo son los demás cubanos tampoco. Pero a veces se salía y se asomaba. Entonces decíamos que era de origen moro. O indio siboney. Porque por mucho que nos esforzáramos no podíamos hacerla pasar por caucásica. Todo cubano defiende hasta la muerte su origen caucásico. Aunque sea tan prieto como un teléfono. Porque la alternativa es que lo clasifiquen en algún grupo que no lo acaba de convencer.

Yo quisiera saber quién fue el humorista que nos clasificó como caucásicos. Y es que parece que no encajábamos en ningún lado. Y nos metieron a todos juntos en la clasificación de hispanos y latinos. Aunque se trate de un cubano de origen africano o asiático. ¿Nunca han oído a un negro cubano hablando como un sevillano? Pues yo sí. No se lo pierdan. Vivía en Orlando. Y pudiera ser la razón por la que los americanos concluyeron que todos éramos gallegos. Hace años los surafricanos resolvieron la clasificación de las razas convirtiendo chinos y mulatos en blancos. Y negros en mulatos. Por decreto.

El apellido denota origen. Y el origen idiosincrasia. Para comprender el carácter cubano hay que hacer un recorrido por los orígenes del pueblo español. Y no estaría mal darse una vueltecita por África. Y salen a relucir nuestros abuelos íberos. Los íberos procedían de África. Igual que Lucy nuestra abuela prehistórica. Anárquicos y buscabroncas e independientes. Sólo se unían para fajarse contra algún enemigo común. Igual que hacemos hoy. Y después se fajaban entre ellos. También igual que nosotros hoy. Que yo sepa, nunca fueron capaces de organizar ni un comité. Todos querían ser el presidente.

Fieles a su clan hasta la muerte nuestros abuelitos íberos. Nos legaron su lealtad, su rebeldía, su independencia, su anarquía y su tozudez. ¿Y nuestros abuelos celtas? Blancos nórdicos con algunos genes asiáticos a veces. Pero no tantos como para culparlos si nos sale un hijo demasiado achinado. En ese caso hay que buscar la influencia asiática en algún chino de los alrededores. De ellos heredamos el sentimiento familiar, el apego a la tierra y el amor a las danzas y la música. Entre ambos dieron origen a los celtíberos. En los que se funden las características de ambos pueblos. De los cuales, condimentado el "melting pot" con los genes de cuanta horda de bandidos existió en Europa, Asia y África, venimos nosotros. Un "melting pot" que no tiene nada que envidiarle al americano, pero más prieto y sin pecas. Que resultó en un producto natural único llamado "el cubano", cuya fórmula es un secreto perdido en la pre-historia y por lo tanto, irreproducible. Por lo menos así nos lo creemos.

Cuando una familia cubana logra salir del solar está entrando en la clase media. Y se entera de los árboles genealógicos. Que no se parecen al tamarindo del solar. Porque le dicen árbol pero no lo es. Y sirve para saber más o menos quiénes son ellos. Y en el que a Filiberto y a Juanita les dicen don Filiberto y Doña Juana. Porque un árbol genealógico es una compilación de personas importantes. Porque hasta al último mequetrefe lo llaman Don y a su pareja Doña. Aunque en vida hubiesen sido unos habitantes. Y nos gusta creer que son nuestros antepasados y primos ancestrales. Aunque desde luego, la única posibilidad de saber de verdad quiénes rayos somos es que nuestros apellidos nos viniesen por la vía matriarcal. Porque interpolaciones genéticas siempre hubo. Y abuelas casquivanas también. Y en el árbol no están todos los que son ni son todos los que están. Y crees que eres Zutano. Y en realidad eres Mengano.

El número de parientes que aparecen en el árbol no hay quien los cuente. Antiguamente cada don engendraba entre diez y quince dones y doñas. Eso se acabó. Ahora se tienen hijos en camadas. Como las gatas. Pero con pastillas fertilizantes. Sin que el don y la doña tengan que privarse de la radio, la televisión y el Internet. Para romances bastan los novelones. Y los provocados con la Viagra.

La Viagra hay que mantenerla separada de las demás pastillas. Porque el viejo la confunde con la aspirina del corazón. Y no comprende de donde le ha salido ese impulso repentino por la vieja. Que está completamente desprevenida viendo su novela. Con romances sin químicas.

Parece ser que toda familia cubana tiene una lavandería. Porque crecemos oyendo decir que los trapos sucios se lavan en casa. O sea que los asuntos feos de la familia no deben trascender a extraños. Como el adulterio y otros delitos, o vicios. Es tabú el admitir que un recién nacido demasiado prieto es el resultado de un salto atrás. Eso jamás. Y le echamos la culpa al pariente por matrimonio.

La nota discordante en la familia la da la oveja negra. Que es el miembro que no se aviene a ninguna de las normas establecidas en la misma. Y no anda creyendo en apellidos, ni en la progenitora que lo trajo al mundo. Y que disculpamos diciendo que es un excéntrico. Si tiene dinero. Y si no, lo hacemos pasar por loco. Y lo metíamos en Mazorra. Que sólo servía para librarnos de parientes molestos y quitarles sus bienes.

Antiguamente si salía un afeminado el secreto era una cuestión de honor. Y era una vergüenza. Hoy en día ya nadie se hace el hara-kiri por eso. Hay una nueva actitud. Y no es nada el agarrar a Paquito y convertirlo de la noche a la mañana en Paquita. Quirúrgicamente. Y no encontramos mal que tenga un novio. Y es que un cubano olvida cualquier agravio de su familia. Menos que lo deshereden.

En los hogares de personas con alguna preparación las reglas de urbanidad a seguir eran las que dictaba el Carreño, que se metía en todo, y entre otras reglas interesantes enseñaba que el esposo debía tocar en la puerta de su habitación antes de entrar. Algo muy conveniente para darle al amante de su mujer tiempo para meterse bajo la cama o escapar por la ventana.

Para lo único que sirve el Carreño hoy en día es para desternillarse de la risa. A los niños se les regulaba el derecho a hablar de acuerdo a las necesidades de las gallinas. Hoy en día hay que aguantarles todas las malacrianzas. Y no se les dice que se callen. Porque atenta contra los derechos de la criatura. Y porque el niño se traumatiza. Y no puede realizarse. Eso de realizarse suena más bien como las ventas de liquidación de las tiendas. Cuando se decía que había una realización. Hoy en día eso quiere decir que Pepito haga lo que le de la gana y lo que se realiza es el Pepito de los chistes. Pero en carne y hueso.

Las figuras centrales de la familia en el hogar eran el padre, la madre y una vieja dándose balance y zurciendo calcetines con un huevo. O tejiendo. El hogar era regido por el padre al que había que venerar y tratar de usted. Y en la mesa nadie probaba el primer bocado hasta que el padre lo hacia. Eso era antes. Hoy nadie se sienta a la mesa. Y el viejo se toma su sopita donde y como pueda.

En aquella época, viejo era el que cumplía sesenta años. Ya eso cambió. Ahora no hay viejos a ninguna edad. Porque están reclasificados en la tercera edad. Y la misma vieja tiene ahora 95 años. Se mete en todo y no zurce ni teje nada. Lo que está es vigilando al cartero a ver si le llegó el cheque del seguro social para pagar la mensualidad de su lote en el cementerio. Y jugar su boletico de la Lotto para ver si evita que la manden a un hogar de viejos.

Para un cubano la familia es sagrada e intocable. El cubano bromea con todo, menos a costa de la familia. Y si en un momento de furor se le sale la herencia de su abuelo íbero y comienza a desbarrar de su hermano, no abras la boca, porque ningún extraño tiene vela en sus entierros.

Y eso de que Castro ha dividido la familia cubana es un mito. Pues los que nos fuimos de Cuba llamados gusanos por nuestros primos y hermanos, ahora desde los Estados Unidos los alimentamos. Y con tal de que estén bien, alimentamos de paso a Castro. Y que nadie se meta. Porque se mete en un berenjenal. Pues, todos somos cubanos y nuestros hermanos son nuestros hermanos. Y terminamos concluyendo que por muchas vueltas que le demos a la noria, esa es nuestra familia cubana.

(12)

~Influyentes e Importantes ~

En los Estados Unidos tienen una sigla, V.I.P., que quiere decir que una persona es muy importante. Los cubanos nunca hemos tenido nada semejante. Porque todos somos importantes. E influyentes. Y el que no lo es, se lo cree.

Eso da lugar a la más ridícula de las preguntas, frecuentemente en el decir popular cubano, que escuchamos en medio de una discusión acalorada entre cubanos. Cuando uno le dice al otro, *"¿Tú sabes quién soy yo?"* seguido de aquello de *"Tú no sabes con quién te estás metiendo".* Ambas, amenazantes expresiones con las que trata de impresionar a alguien dejando entrever lo violento que es él. O la influencia que posee. Aunque todo sea pura imaginación. Porque el que alardea de eso lo más probable es que no es importante. Ni tiene amigos importantes. Ni se come a nadie crudo. Y no es más que un don nadie. Que presume de todo porque carece de todo. Y alardea de guapo porque no lo es. Como uno que conocí en una casa de huéspedes. Que por el gesto y como hablaba teníamos por un individuo con el que nadie podía equivocarse. Pues bien, nos equivocamos todos. Porque le salió un ratón. Y le tiró un radio. Fue tal el estrépito que todos los huéspedes corrimos a su habitación en la planta alta. Y encontramos al "guapo" parado en la cama, gritando que había un ratón con rabia en el cuarto. Y es que no era más que un típico alardoso bocón cubano. De esos que de niños amenazaba con echarnos al hermano. Para meter miedo. Y si el otro era un flojo, lo lograba. Y ganaba la bronca sin fajarse. En ese aspecto los cubanos somos pioneros de la guerra psicológica. Y el amenazado se iba con el rabo entre las patas. Sin saber que hubiera podido poner al guapo en su lugar con el mejor invento cubano de todos los siglos. Hoy en día en desuso. Pero, no obstante, el arma más desmoralizadora que puede esgrimirse contra alguien. Con una acción paralizante más fuerte que una pistola eléctrica. Que convierte en ridícula la situación más seria. Y provoca la risotada del más circunspecto: una trompetilla. ¡Imagínense la sorpresa del bravucón a quien por respuesta le suenan una trompetilla!

La trompetilla sólo encuentra su rival en la lengua. Dos varas de lengua apuntando al grosero del dedo en el tráfico tiene un poder ridiculizador devastador. Que lo sorprende y desmoraliza. Es un verdadero fogonazo sin plomo. Y su efectividad máxima es cuando se la sacamos en el instante en que el tipo aminora la velocidad para mirarnos con cara de malo. Contra ese gesto de burla y desafío queda impotente. Y sin saber cómo reaccionar. Y de nada le sirve el dedo. Eso sí, hay que sacarla con precaución. Porque si chocamos con el de alante, o nos dan por atrás. Nos la tragamos. Pero a pesar del riesgo, vale la pena. Después de todo, en todo hay riesgos. Los hombres que practican el nudismo marino corren el terrible riesgo de que un pez hambriento confunda la carnada. Y sin embargo lo hacen.

Decíamos en Cuba que *"el que tenía padrinos se bautizaba"*. Y es que "aunque en todas partes cuecen habas", en Cuba la influencia era el ábrete sésamo de todas las puertas. Todas nuestras aspiraciones incluían a alguien que las "empujara". Un padrino que influenciara a alguien para que se nos diera el asunto. Lo mismo para una plaza de maestro para Pepito que para meter a Hermelindo en Mazorra. Y si no teníamos quien empujara, Pepito se moría de viejo aspirando y Hermelindo seguía escapándose de su casa a cada rato.

En Cuba había influyentes a todos los niveles. El más notorio de los cubanos influyentes al nivel político popular era el sargento político. Que no se postulaba para nada. Pero caía parado siempre. No importa quién ganara. Porque le hacia servicios y favores a todos. Y el día de las elecciones los llevaba a votar. Y había que contar con él. Si alguien encarnaba fielmente al Liborio cubano era el sargento político. Con su guayabera y su tabaco. Pero más que nada por su conocimiento de la idiosincrasia del cubano. Cuyos problemas conocía y resolvía. Era el brazo derecho del aspirante. Que sin su ayuda se quedaba en eso, en aspirante.

El cubano influyente jamás dice que no puede resolver tu problema. No importa de qué se trate. Siempre te dice que no hay problema. Porque está convencido que él puede llegar a quien sea. Porque conoce a alguien que es muy influyente y es amigo de él. Y no lo ha ocupado nunca. Y lo conoce desde cuando era un habitante. Por eso mismo, si el amigo lo ve venir, probablemente se esconda.

En Cuba el más popular de los cubanos influyentes era el cachanchán. Un personaje popular en toda Cuba. En mi pueblo había varios, pero el más conocido era Chicho. Un verdadero resuélvelotodo. Útil casi siempre. Majadero a veces. Buscavida mañoso. No vacilaba ante nada. El aplomo que le daba su atrevimiento le daba resultado allí donde fracasaban los más preparados. Y es que en el fondo creía, de verdad, que él era importante.

Porque no había cachanchán que no tuviera un primo policía. O que no supiera quién era quien le "llegaba" al juez. Desde luego el juez no sabía nada. A veces. Porque todo era con mucha discreción. Y lo mismo te quitaba una multa de tráfico. O daba a entender que él tenía cómo hablarle al juez para que no te llevara recio. Y, por supuesto, te tenías que poner con un regalito para el juez. Que tampoco sabía nada. Y siempre quedaba bien. Porque cuando salías trasquilado te decía que si no hubiera sido por el palancazo que te dio hubieras salido peor. Pero eso lo arreglaba él en la apelación. Y te convencía. Y si la perdías fue porque te pusiste fatal. Y te cambiaron el juez a última hora.

Chicho se consideraba intocable. No como los indios de la India. Que no hay quien se les acerque. No por intocables sino por la peste que tienen los mamelucos y turbantes que se ponen. Se creía importante, por la influencia que creía tener. Y es que no hacía falta mucho para que nos sintiéramos influyentes. Bastaba con una chapita cualquiera. Aunque fuese del más humilde de los oficios. O un uniforme. Aunque fuese de tarugo de circo. Y nos hacíamos una foto con el uniforme entorchado, parecidísimos al mismísimo Weyler.

Había que ver la cara de misteriosa autoridad que ponía un cubano cuando sacaba su billetera llena de notas con una chapa cualquiera. Que abría y cerraba rápidamente con gesto de importancia para entrar de gratis al cine. Mientras observaba de reojo a los demás presentes para ver la impresión que había causado.

La aspiración suprema de Chicho era un permiso para portar armas. Que al fin consiguió. Y había que ver el caminar orondo que adquirió. Llevándola de modo que todos lo notaran. Y empezamos a cuidarnos de Chicho. Que ya no sólo era importante. Ahora también era peligroso. Como cuando jugábamos a los policías y bandoleros. Y éramos unos gatillos alegres. Porque no se hablaba entonces de derechos humanos. Y nos matábamos a primera vista. Porque estábamos imitando la vida real. En la que a veces se capturaba vivo al bandolero. Y lo entregaban muerto. Es que había intentado fugarse. Y se le aplicaba la ley de fuga.

Hoy en día el revolver sirve para celebrar el año nuevo. Si no nos cogen. ¿Y el plomo? *¡Alicante, Alicante, al que le caiga que lo aguante!* Y también sirve para armar a los delincuentes. Que nos lo roban del guantero. Y para reclamarle dos al seguro. Uno con nuestro recibo y el otro falso a nombre de nuestra señora. Que nos hace el amigo del "gun shop".

Un cubano se sentía importante por cualquier cosa que le diera una ventaja o lo diferenciara favorablemente de otro. Si éramos amigos del dueño del cine, y nos daba un pase para entrar gratis, se lo decíamos a todo el mundo. Otras veces era una tarjeta de cualquier cabo interino. Diciendo que éramos amigos de él. Eso bastaba para sentirnos inmunes. Y violábamos todas las leyes de tránsito. Y algunas otras. Y manejábamos por el pueblo más rápido que en las carreras del Malecón de La Habana. ¡Que maneje despacio otro! ¡Que quien tiene padrino se bautiza! Y alardeábamos diciendo que íbamos a invitar al personaje el domingo a comerse unas costillitas de puerco, que le encantaban. Y lo decíamos bien alto para que nos oyeran. Estos eran los infelices con afanes de influyentes. Los que aquí en el exilio darían un día unas fiestas de quince a sus hijas que dejarían pálidas hasta las de María Antonieta en Versailles.

Otro personaje popular influyente era el bolitero. Que se codeaba con todos los niveles. Y era la esperanza de muchos que lo esperaban con ansiedad cada día. La bolita era una lotería privada. Que hacía millonarios de delincuentes. Con todo un pueblo de idiotas pendiente de la frase clave para acertar con el número ganador: ***"Camina por el tejado y no rompe una teja".*** Y le jugaban al gato, al ratón y a la rana. Y salía el premio: el elefante. Que no rompía una teja. Las rompía todas. Y ¡como se estudiaban los sueños! ¡Oye, Zoila Ignacia!, ¡juégale fijo y corrido al ocho, que anoche soñé que se había muerto Narcisón!, gritaba Cachita. Y había que ver la fe con que toda la cuadra le jugaba al ocho. Y el único que no jugaba era Narcisón. Porque nadie le contaba el sueño de Cachita. Los apuntadores de la Bolita comían más papel que los chivos. Tragándose la lista de las apuntaciones cuando se veían en peligro de ser detenidos por la policía.

La influencia es la herramienta del bandidaje. Porque para lo que es correcto no hace falta Influencia. Los cubanos realmente influyentes lo eran por su posición o relaciones políticas, sociales y económicas. Que abrían toda clase de puertas. Y podía convertir en millonario a un perfecto habitante. El cubano influyente omnipotente originó el descontento popular. Y surgieron voceros como el comentarista del *"desparpajo"*. Que escandalizaba a toda hora denunciándolos. Y no sabíamos qué hacer con él. Y lo hicimos congresista. Y fue peor el remedio que la enfermedad. Porque ahora gritaba con inmunidad parlamentaria.

La habilidad de estos personajes en resolver toda clase de problemas la premiaba el pueblo cubano en su jerga popular, diciendo de ellos que eran la candela o que se le habían escapado a Drácula. Lo cual era motivo de orgullo para ellos. Y para nosotros también. Porque aunque nos viésemos obligados a criticarlos a veces, en realidad admirábamos la sinverguenzura. Y los calificábamos de vivos. Por lo bien que navegaban hasta Miami con millones de dólares en maletas. La mayor parte de los que decíamos que se le habían escapado a Drácula, se habían escapado en realidad de la policía. Y me inclino a pensar que al lado de algunos de ellos, Drácula era un verdadero niño de teta. Y estoy pensando en el ministro que debía incinerar un millón de dólares viejos. Y no tuvo corazón para hacerlo. Pero era un tipo simpático. Y nos reímos. Allá. Porque aquí no luce ya tan gracioso.

Pero concluimos, que en Cuba cualquier carga bates podía ser influyente allí donde otros más cocotudos no podían. Porque en ese caso el carga bates era amigo del que decidía. Y el otro no. Y es que para el cubano la amistad es algo muy valioso. Que con frecuencia pesa más que cualquier otra consideración. Pues aunque otros factores fueran la motivación básica para el chanchullo, sólo el factor amistad aportaba la confianza necesaria para llevarlo a cabo. Y esa es la razón por la que hay tanto cubano que se siente influyente e importante en alguna medida. Porque no hay cubano sin amigos.

Y como corroboración de lo anteriormente expresado mencionamos el caso de un individuo, esposo de una señora amiga, a quien un ganadero español le dio un poder general para que le administrara los bienes durante una ausencia de un año en España. Cuando regresó no tenía ni adonde amarran la chiva. Que es un decir. Porque tampoco tenía chiva. El español lo acusó y fue a dar a la cárcel con una larga condena. Sin embargo apeló y esta vez salió absuelto. Aunque no me consta, tengo entendido que se había buscado como padrino a un conocido personaje popular al que llamaban Chicho Pan de Gloria. Que era un notorio habitante. Pero era además amigo personal del presidente de la República. Terminamos sin más comentarios.

(13)

~*Los Viejos*~

Tratar de definir la vejez es tratar de definir lo imposible. Lo más común es basarse en el número de años. Error. Porque hay quien nace viejo. Y hay quien se muere joven. Aunque tenga cien años. Dependiendo de los ingredientes que lo formaron. Por ejemplo: de los que nacen viejos, el típico viejo en Cuba era como Don Quintín el Amargao. Que no nació amargao. Lo que pasó fue que al pobrecito le dieron leche de una vaca loca. Como ésas que andan por Europa. Y por supuesto, se disgustó. Y murió amargao.

El problema que tienen ahora los bebitos es que la leche que le da la mamá sabe a silicón. Y los niños crecerán para ser viejos plásticos. Que sabrá Dios cómo serán. Hay viejos que no han aprendido nada de la vida. Son los viejos brutos. Que no maduran mentalmente. Aunque tengan el pellejo pinto y lleno de verrugas de puro viejos. Los hay de varios tipos. Como los aburridos. Un viejo aburrido es un viejo que no habla. Y cuando lo hace es para meterse en lo que no le importa. Estos son los consejeros. Que se pasan la vida aconsejando lo mismo. Y nadie les hace caso. Y, entre otros, los más pintorescos: los viejos verdes. Que se enamoran como quinceañeros. Y se creen que de verdad están igualitos. Y no están igualitos ni la cabeza de un guanajo. Aunque se lo digan los hipócritas. Y los desmienta el espejo. Pero lo más triste del caso es que el viejo se lo cree. Y también se cree el cuento de la tercera edad.

Esto de la tercera edad es un eufemismo. Que me recuerda eso de los carros "pre-usados". Que quiere decir que el carro es de segunda mano. Pero ni el viejo ni el perol de uso son de segunda mano. Porque ninguno de los dos llega a viejo sin haber pasado sabe Dios por cuantas manos. Hay fotingos que hacen más ruidos que un par de maracas. Y el dueño aspira a que el mecánico se los quite, y el mecánico no sabe de dónde salen. Y pasa lo mismo que con el viejo y su médico. Que quiere que le curen todos sus males. Y el médico no es Dios. Y tampoco sabe. Y le cambia las pastillas. Por otras que el visitador médico le dijo que eran muy buenas. Y el mecánico aprieta los tornillos. Y afloja turcas. Para ver si acierta. Y todos siguen igual. O peor. El médico, el viejo, el mecánico y el fotingo.

Los años convierten los fotingos en clásicos. Y a los viejos en vejestorios. Y no se convierten en clásicos aunque cumplan cien años. Los fotingos clásicos son muy procurados por los coleccionistas. En cuanto al viejo, no conozco nadie que quiera coleccionar viejos. Y eso que un coleccionista es alguien que colecciona todo aquello que la gente no quiere. Desde un orinal de la época de mi abuelo, un cuadro que es un embarre que nadie entiende, o los bloomers de Jacqueline.

Los viejos verdes tienen dos características comunes: el ridículo y el descaro. Porque se creen Don Juanes. O quieren que los demás lo crean. Y andan enamorando muchachitas. Porque no le meten mano a una vieja ni aunque los maten. Un viejo verde es un lujurioso que recuerda como lo amamantaban de recién nacido. Y quiere seguir el mismo plan alimenticio *"hasta morirse de puro viejo".* Como decía Jardiel Poncela. Aunque no se estén alimentando.

De vez en cuando el viejo verde se empata con una jovencita. Que quiere vivir del retiro del viejo. Ella y sus amigos. Pero en honor de la verdad, a veces los comprendemos. A ella por sus circunstancias. Y a ellos porque lo que están es chochos. Y es algo patético. Un viejo chocho es uno que está senil y se comporta como un niño, se antoja como una embarazada, babea como un idiota y tiene que soplar diez veces la vela del cake de cumpleaños para apagarla. Mientras escupe el cake de arriba a abajo. Y cake soplado, cake infectado. Y la única protección es no comerlo. O quitarle el merengue. O arrancar la vela. Y apagarla en la mano. Y todo este trajín por alguien que a veces no sabe a derechas de quién es el cumpleaños. Ni por qué tiene que soplar una vela.

Un viejo verde pintado es un payaso sin circo. Que parecen descendientes de irlandeses. Con una tonalidad azafranada en el cabello. Estos son los viejos colorados. Que se diferencian de un payaso en que el payaso hace su papel. Y ellos hacen papelazos. Pero no les importa. Porque lo único que les interesa son las jovencitas. Aunque lo más que pueden hacer cuando la consiguen es darle consejos de amor. Que ellas les piden. Y se convierten en unos verdaderos "Dear Abbys". Algunos lo que hacen es pasearlas. Para que lo vean los amigos. Y después jactarse contando minuciosamente lo que no hicieron. Y cuando terminan sus historias se marchan de lo más orondos. Sintiéndose que son unos machotes. Porque lo mejor del cuento es que acaban por creerse sus propios inventos.

No he conocido ni un viejo verde que no alardee del sinnúmero de mujeres que "ha tumbado". En una función de teatro a la que invitamos a un amigo, éste se pasó todo el tiempo en animada conversación con dos muchachas que tenía sentadas a su derecha. Cuando a la salida le pregunté de qué hablaban, me dijo, *"¿Te fijaste? Hay una que está metida conmigo. Y si no fuera por tu señora que está aquí, pudiéramos tumbarlas a las dos".* Él tenía entonces 85 años. Y yo 75 años. Y éramos y somos dos magníficos prototipos. De enclenques. Me reí muchísimo y le dije, *"Mira, trata de no tropezar con ninguna de las dos, porque si tropezamos, los tumbados vamos a ser nosotros".* Si mi amigo hubiera sido plátano podría haber hecho tremendos tostones con él. Por viejo verde.

El problema con algunos viejos verdes es el alarde. Que parece ser una combinación de la decrepitud y el erotismo con la impotencia y la imaginación. Con su lengua de trapo. Con la que explica en detalle sus encuentros amorosos. Con todas y cada una de las mujeres del pueblo. Nada más simpático que un viejo verde alardoso. Que además sea chismoso. Dentro de ciertos parámetros de decencia. No les creemos. Pero nos divertimos porque han perdido sus inhibiciones. Y la vergüenza. Y toman la vida como una broma. Porque saben que con la muerte lo pierden todo. Menos los recuerdos de aquellos a quienes hicieron reír. Contándoles sus cuentos. Verdades y mentiras. Sus imaginaciones e historias. Suyas y de otros. Y lo único que necesitan es comprensión y paciencia.

Siempre hubo viejos verdes. Pero la cosa la complicó la Viagra. Que ha resucitado verdaderas momias. Y trastornado el orden social. Pues pone en circulación a románticos ya retirados. Y hasta los convierte en papás. Por lo que nos esperan generaciones de niños arrugados y enfermizos. De modo que todos pagaremos por el romance del viejo sato. Viejo y boloña es una combinación peligrosa. Son una categoría aparte. Con esos la que se descuida, queda. Porque la cosa es de verdad y al menor descuido entran en actividad. Por eso me decía una simpática ancianita hace años, "mi hijo, yo los prefería medio locos". Y con los viejos seniles pasa lo mismo. Si no pregúntenles a las trabajadoras sociales que los atienden en el hogar. Como les encanta que los bañen. Y decirles dónde y cómo.

La diferencia entre un niño malcriado y un viejo malcriado es la impunidad. Porque aunque se merezca unas nalgadas, no hay quien se atreva a sonar al viejo. Pero además lo más probable es que la culpa de los malentendidos la tengamos nosotros. Porque nos empeñamos en educar al viejo a nuestra manera. Y queremos que se bañe todos los días. Y al viejo no le da la gana. Y entonces decimos que el viejo está imposible. Para preparar el terreno con los amigos y el resto de la familia para hacer lo que queríamos hacer de todos modos. Meter al viejo en un hogar de viejos. Lo que a veces está justificado y otra veces no. Lo que no discuto aquí. Porque yo escribo para alegrar la vida. No para hacerla triste.

Dicen que la ociosidad es la madre de todos los vicios. Pero cuando se trata de viejos lo es también de todos los chismes. Y cuentos. Que es lo único que pueden hacer. Para oír chismes no hay mejor foro que un grupito de viejos. Y no hay reputación garantizada en el pueblo. No se salva nadie. Y a grito limpio.... Porque están sordos. Y el que no lo está, esta entretenido. Un viejo sordo jamás admite que está sordo. Y se indigna cuando al fin oye el último grito. Y nos dice que no le gritemos. Porque piensa que es el primero. Y no quiere creer que ya le habían gritado diez veces antes. Y no les gusta ponerse ningún aparatico. Y si lo llevan es en el bolsillo.

Los viejos, como todo el mundo, necesitan tener algo que hacer. Porque se aburren. Un viejo aburrido es un peligro. Porque anda buscando como sentirse útil. Y es que no los atendemos. Y sólo nos acordamos de él cuando es evidente que hay que cambiarle el pañal. Y no queremos que nos ayude. Sino que se estén quietos. Y le preguntamos por qué no se duerme un ratico. A las diez de la mañana. Y claro, no quiere. Entonces le ponemos el radio. O la televisión. Y lo dormimos de todas maneras. Mi suegro se echó por amigo a otro viejo. El americano del fondo. Se recostaban a la cerca y hablaban por horas. El americano en inglés. Mi suegro en español. No sé cómo lo hacían. Le pregunté cómo se entendían y me dijo que se hablaban muy despacito. Parece que el perro policía que teníamos no entendía nada. Y se molestó. Un día salto y mordió al americano. Esto dio fin a los eventos sociales. Empeñado en poder comunicarse con los americanos, se matriculó mi suegro en una clase de inglés nocturna. Una noche regresó con una estrellita dorada en el pecho. Parecía un veterano. Explicó que la maestra se la dio por ser el mejor alumno de la clase. Estaba muy orgulloso. Le preguntamos cuantos alumnos había. Y nos contestó que el era el único.

Cuando el viejo no tiene quien le escuche sus cuentos, se pone a buscar qué hacer. Como el abuelo de un amigo mío que iba periódicamente a Washington a ver a su hijo. Iba solo manejando su carro desde Miami. Tenía 82 años. Advertí al nieto que en cualquier momento iba a tener un accidente grave. Pero nada podían hacer. Un día me contó mi amigo que iba para Miami a ver a su abuelo al hospital. Había tenido un accidente. No me sorprende, le dije. Debían quitarle la licencia de manejar. No Emilio, el accidente no fue de tránsito. Abuelo se cayó de una mata de mango. Bueno, no me extrañó. Yo hice bajar a mi suegro de una mata de coco. Tenía 84 cumplidos. Bajó a regañadientes. Refunfuñando. Y me dijo que cualquier día regresaba a Asturias.

La vejez nos llega sin darnos cuenta. Y hasta tiene alguna que otra ventaja. Empezamos a notarla cuando empiezan a caérsenos los pantalones. Y cuando nos hacen el descuento de ancianos en el cine. Sin haberlo solicitado. Otro día llega una carta de los Viejos Útiles. Y la tarjeta del Seguro Social. Y llamadas de vendedores de lotes en el cementerio. Y los HMO son una verdadera plaga. Y al cumplir los cuarenta años comienzan a llegar lo anuncios de afrodisíacos sexuales. Y de espejuelos. Ahora bien, nada nos hace tan evidente nuestra vejez como las ofertas de ayuda en la calle. Para cargarnos los paquetes. O para bajar o subir la acera. Pero no todos nos damos cuenta. Porque si quien ofrece la ayuda es una mujer joven, el viejo verde piensa que ha hecho una conquista. También lo notamos cuando nuestros hijos no nos hacen mucho caso. Y hasta parece que andan de prisa cuando queremos explicarles algo. Pero no es que nos quieran menos. Es que nos creen menos capaces. Y no tienen tiempo.

Y es que ignoran que los viejos son tesoros de experiencias. Si los escucháramos. Sólo los años son fuente de sabiduría. A veces tan profunda que no la comprendemos. Y somos tan imbéciles, que la desperdiciamos. Tal vez porque el viejo está a veces tan rayado como un disco de la Víctor, con su perro. Y todo que tenía la paciencia para escuchar la estridencia de la música "charleston" sin abandonarlo, ni callarlo. Como hacemos cuando el viejo nos interrumpe o nos repite el mismo cuento cien veces. Cuentos en los que siempre descubrimos algo nuevo. A pesar de que son de cuando estaban de moda las gordas. Que rescabuchaban nuestros abuelos. Parándose a esperar que subieran al "carrito" para verles los tobillos. En aquella época las flacas no alcanzaban ni a un guiño. Decía la canción que eran buche y pluma na'ma. Si yo pudiera resucitar a un viejo del 1800, le vendaría los ojos. Y le quitaría la venda en la playa, ¿imaginan? Y no lo haría con uno más viejo, porque lo mataría otra vez.

El viejo que muere joven llega a su avanzada edad conservando el humor y su amor a la vida intacto. Y será siempre un hombre joven, no importa cuantos años parezca tener. Aprovecha su compañía porque, como un libro, es un maestro que puede ayudarte mucho.

(14)

~*Entrometidos y Criticones*~

Ya en tiempos bíblicos se dijo que *"mirábamos la paja en el ojo ajeno y no veíamos la viga en el propio"*. Esta sabia observación sigue siendo válida 21 siglos después. Para algunos. Porque no hay peor ciego que el que no quiere ver. Como sucede con el entrometido. Que se cree el elegido para decirte como ordenar tu casa. Y en la suya no hay un solo tareco en su lugar. Por eso nos recuerda a las cucarachas. Que invaden todos los rincones de la casa. Mientras el entrometido invade todos los rincones de tu vida. Y lo peor es que no hay ni quien los extermine, ni a las cucarachas, ni a los entrometidos. A menos que se los coman los japoneses. Aunque apostaría a que no les interesan las proteínas de los entrometidos.

No hay que confundir al entrometido con el criticón. Todos los entrometidos son criticones; pero no todos los criticones son entrometidos. El cubano entrometido es un pródigo. Que da a manos llenas. Sin embargo nadie se lo agradece. Porque lo que da son consejos. Y opiniones. Sin que se los pidan. Porque no puede resistir la necesidad de meterse en lo que no le importa. Y además se siente importante. E inteligente. Y ni es importante ni es inteligente. Es sencillamente un idiota. Que quiere imaginarse que el que lo escucha está maravillado con su sabiduría. Y lo que el otro quiere es ver cómo se lo quita de arriba. Porque le está diciendo todo lo que tiene que hacer. Y eso es un insulto. Porque es decirle que no sabe lo que está haciendo. Y le dispara aquello de que *"el que no oye consejos no llega a viejo"*. Que es la coletilla clásica de los memorizadores de refranes y frases célebres. Que es, por otra parte, falso. Porque hay quien nace sordo y llega a viejo sin haber oído jamás un consejo. Ni nada. Un consejo no solicitado es tan inoportuno como ponerse a enamorar a la viuda en el velorio del marido.

El entrometido es siempre un pedante. Tan insoportable, que si no fuera porque las razones por las que nacen sietemesinos están científicamente explicadas, yo habría pensado que muchos de ellos son sietemesinos porque eran pedantes ya en el vientre de la madre. Y la madre no tuvo paciencia para soportar su pedantería los nueve meses completos. Hace años, algunos sietemesinos eran niños concebidos siete meses antes de nacer. También los había concebidos nueve meses antes de nacer. Que era cuando la fecha de nacimiento no cuadraba con la fecha de la boda. Y la familia la hacía cuadrar haciendo coincidir la concepción con la boda. Y el nene se convertía en sietemesino. Aunque hubiera pesado ocho libras al nacer. Eso era en los tiempos en que a las señoritas decentes les llevaban la cuenta del embarazo al minuto. Y si la cuenta no cuadraba, la inmolaban.

El sietemesino de fabricación familiar sucedía cuando la madre había dado un traspié. Y el galán no tenía intención de casarse. Y había que evitar el escándalo. Entonces intervenía su papá. Porque la cosa era ya cuestión de honor. Y de pronto al novio le entraba una ansiedad tremenda por casarse. Y había bodas. Porque entre ser el muerto del velorio o el novio de la boda, no había espacio para indecisiones.

Cuando la justicia intervenía, la penalidad por rapto era de un año, ocho meses y veintiún días de cárcel. Así y todo, había veces que el galán escapaba al matrimonio. Como Rafael, el del platico de Ofelia. Que le echó la culpa a Pancho. Y Pancho decía que lo pagara Lucifer. Y entre una cosa y otra ninguno se casó. Pero es que la pobrecita Ofelia era huérfana. O el caso del enanito de Sibanicú, en Camagüey, a quien acusaron de rapto. Y le pidió al juez que lo mirara bien y le dijera quién creía él que había subido a quién a la yegua para fugarse y consumar el rapto: ¿él a la muchacha o la muchacha a él? Porque él no llegaba ni al estribo de la montura. Salió absuelto. Hoy en día, con la nueva moral, ya la madre, ni el resto del pueblo, se complican la vida sacando cuentas. Ni el padre tiene que salir a defender su honor. Y Ofelia no se preocupa por su platico roto. Y el enanito no tiene que preocuparse si lo montan en otra yegua y se lo llevan.

El carácter y valor del consejo varía según la intención. Que lo identifica y define. Distinguiendo la voz amiga que nos aconseja y nos señala nuestros errores por nuestro bien de la que, disfrazada de hipócrita amistad, experimenta placer en hallarnos falta. La intención del primero es sana y desinteresada. La del segundo es interesada y perversa. Una merece agradecimiento. La otra aborrecimiento. Porque el que lo da no es un consejero. Es un criticón.

El criticón es un entrometido que procura la satisfacción de sus complejos restando mérito al éxito de los demás. Sus críticas son un aprovechamiento indebido y abusivo de la amistad. Que finge sentir. Pues con sus consejos hipócritas experimenta la morbosa satisfacción de empequeñecer al amigo. Su motivación es la envidia. Con lo que da salida a sus resentimientos. La envidia es la sombra del éxito y la virtud. Y jamás los abandona. Búscala entre tus conocidos. Que entre ellos está.

Es muy abusada la frase *"sólo sé que no sé nada"*. Que esgrimen estos personajes. No como admisión, sino para aparentar modestia. Aunque sea cierto que no saben nada. Ni siquiera quién la originó ni sus circunstancias. En una discusión que escuché, hubo uno que atribuyó la frase al "filósofo griego" Atila. A quien confundía con Sócrates. Pensé que bromeaba pero no era así.

Hay muchos tipos de entrometidos. Pero todos son sabelotodos. El prototipo del sabelotodo no sabe que no sabe. Que es la peor de las ignorancias. Su cultura parece abarcar el espectro completo del conocimiento humano. Adquirido en la serie completa del Llanero Solitario. Nada le es desconocido. Si le hablas de la Enciclopedia Británica, te enteras que está escrita por el Quijote. Y que en varias oportunidades le ha corregido sus errores. *"Escúchame para que aprendas"*, te dice.

El más común de los entrometidos y también el más hipócrita, es el que aparenta estar preocupado con tu salud. Y cuando te saluda no te mira a la cara. Te mira la barriga. Y te dice que estás demasiado gordo. Y demasiado barrigón. Y te la toca. Y te recomienda una dieta. Tú le contestas que has empezado con una que te puso el médico. Y te dice que te olvides del médico. Y que lo escuches a él. Que camines alrededor de la cuadra. Y que sigas la "Dieta de la Palangana". Y comas lo que te dé la gana. Y es que hay infelices que sólo tienen dos temas de conversación: la barriga de los amigos y el tiempo. Punto. Y el chiste más simpático que tienen es preguntarnos cuántos meses de embarazo tenemos. Y hay que tratar de no toparse con ellos a menos que estén cayendo rayos. Por dos razones. Para ver si los parte uno. O para que hablen del tiempo. Y se olviden de nuestra barriga. Y es que, aunque parezca difícil de creer, hay quienes tienen un sólo tema de conversación. Y gracias a él se sabe que no son mudos. Ese era el caso de una tía vieja que cada vez que me veía me decía, "¿y a vo no os gusta la pelota?". Yo le contestaba que no. Entonces ella me decía, "¡qué raro!". Y ese era todo su repertorio. Yo me daba balance frente a ella. Me miraba, se sonreía y cuando volvía a abrir la boca era para bostezar. Había terminado la tertulia. Algo que me recuerda a un compañero estudiante en La Habana que estaba ansioso por *ligar* una muchacha lindísima que pasaba por nuestra casa. Al fin lo logró. La invitó a salir. A todo lo que él le decía ella contestaba, "¿Tú crees?". Le pusimos Tú crees. Estos son de los que, como se la cojan con tu barriga ¡te salaste! Porque no tienen otro tema.

Pregunta que de paso me recuerda el caso del boxeador a quien estaban propinando una paliza, pero su *second* le aseguraba después de cada round que estaba entero y que el otro no lo había ni tocado. Y él le preguntaba, "¿Tú crees?". Y ante la repetición de que no lo habían tocado, le dijo al second, *"Pues entonces vigílame al referee, porque alguien me está dando"*.

Hay entrometidos educados que nos dicen, *"Mira, perdóname, pero estás equivocado"*. Otros te dicen, *"Oye, estás metiendo la pata"*. El cubano suele ser más gráfico o menos delicado diciéndonos simplemente que *"no seamos brutos"*. Porque no sabes lo que estás hablando. Ni sabes dónde tienes las narices. Y te dice que tú naciste cuando ya él era Pepe en La Habana. Y que no puedes ni empezar a discutir con él. El vivió lo que tú estás contando. Y conoce lo que pasó mejor que nadie. Este personaje habla con tanta convicción que impresiona. Apártate, que te va a acomplejar.

Otros empiezan siempre diciéndote, *"Yo no soy Dios"*. Que es el tape habitual de los perfectos. Y a continuación añaden, *"Con los años que tengo y la experiencia que me ha dado la vida yo no me equivoco. Y de lo que tú hablas, ni tú ni todos los demás me llegan a mí ni a la cutaras"*. Estos personajes que alardean de la perfección de su trabajo son perfeccionistas teóricos. Que enseñan natación desde la orilla del agua. Y si se meten en el agua se ahogan. La búsqueda de la perfección es siempre humilde. Porque su camino está repleto de fracasos.

"Eso te pasó por indeciso". Te dicen los que culpan a tu indecisión por tus errores. "Te falta coraje". ¿Te acuerdas cuando te dije que compraras acciones de la *Llega y Pon Compañía*? ¿Y qué hiciste? Cogiste miedo y compraste las que te aconsejó el millonario ese de May Street. Porque ibas al seguro. Si me hubieras hecho caso serías hoy millonario. Si no fíjate como ha aumentado la población de los barrios de indigentes. Que son propiedad de la compañía Llega y Pon.

Posiblemente los más comunes son los sabelotodo del "Te lo dije". Que jamás se equivocan. Porque son oráculos a posteriori. Y siempre saben lo que iba a pasar. Pero se lo callan. Y hablan después del burro muerto. Sus expresiones favoritas son, *"Yo sí que no me equivoqué"* o *"A mí sí que no me engañó"*. Pero el problema es que el oráculo o es un idiota que no hizo nada para evitar el mal sabiendo que iba a producirse; o un mal amigo por no advertírtelo. Y así y todo todavía insiste en que lo escuches. Si quieres escuchar algo, pon el radio.

Uno de los más fastidiosos es el que además de sabelotodo es confianzudo. Te dice *"mi hermano"*. (Y que tú sepas tu padre nunca estuvo en el pueblo de él, ni conoció a la mamá). Se siente en tu casa como en familia. Le dice a todo el mundo que es tu amigo desde la infancia. Nada existe que no esté sujeto a su escrutinio y a su crítica. Te dice como debes criar tus hijos. Que tu mujer te mangonea. Y todo lo imaginable.

Pero el cotidiano. El inevitable de todos los días es el aguafiestas. Sales contento de tu casa que acabas de comprar en un precio de ganga a una viejita que casi te la regaló. Porque se estaba muriendo. Y te encuentras con el aguafiestas. Le cuentas y te dice, "Pero chico, ¿cómo no me lo dijiste? Si lo llego a saber te digo de un vecino mío. Que hace dos días vendió su casa. Mil veces mejor que la que has comprado. Y la dio por menos de la mitad de lo que tú has pagado". Y se te cae el alma al suelo. Consuélate. Que igual te hubiera dicho si le cuentas que compraste unos calzoncillos en especial. Que te dirá que él compró unos mejores y que comprando un par te regalaban cuatro pares.

En Cuba no le hacíamos caso a los entrometidos. Ni aquí tampoco. Porque todos éramos y somos entrometidos. Porque tenemos una opinión en todo. Y si no la tenemos, la formamos en un minuto. Porque no hay uno solo que no te diga lo que él piensa aunque no le hayas preguntado. Y eso va lo mismo con el más educado personaje que con el hijo de Cocó Ñañá y

Cochichi Pó. Y eso explica la algarabía del cubano. Que está opinando.

Nota del autor: *Debo aclarar que no poseo ni la menor capacitación académica requerida para opinar profesionalmente acerca de la conducta humana y que todo lo explicado no es más que mi opinión personal, que expreso como cubano, como lo harían mis tíos Cocó y Cochichi.*

(15)

~*Los Estrellados*~

Un estrellado no es solamente el tipo que se rompe la crisma chocando contra algo más duro que su cabeza. Puede ser también alguien que no sabe qué tiene por cabeza. Pues cree que las estrellas lo influencian todo. Y lo primero que hace al levantarse es leer las predicciones astrológicas. Y sintonizar algún programa de televisión adonde pueda admirar el nuevo traje de Walter Mercado. Y si finalmente planifica su día de acuerdo con los pronósticos de los astros, se trata sin duda de un creyente ortodoxo en el poder de las estrellas, un estrellado clásico, cuya vida gira alrededor de las galaxias. Un creyente imposible de evaluar porque habría que ir a buscarlo en un cohete. Pero sí puede afirmarse no obstante, que si es un cubano, es un moderado en materia de creencias. No como lo irlandeses, que son católicos o protestantes por accidente, según hayan nacido en el norte o en el sur y sin embargo se matan como imbéciles por eso.

Exagerado por naturaleza, nadie sin embargo, aventaja al cubano en moderación en cuestiones de fe. Sencillamente, porque le importa un pito lo que tú crees. Y lo que él crea lo cree a su manera. Y el estrellado más ortodoxo le pone el vaso de agua a Clavelito y carga la Virgen en la procesión. Porque los cubanos somos como el tipo al que le estaban llenando una planilla y le preguntaron, "¿masculino o femenino?". Y contestó: "masculino pero no fanático".

En realidad todos creemos en algo. Si no que le pregunten al negrito de la Virgen de la Caridad. Que confió más en la oración que en los remos. Lo que pasa es que creemos *"a nuestra manera"*. Que es lo mismo que no creer. ¿Pues quien puede definir que es lo que es creer *"a nuestra manera"*? Eso explica que lo mismo vayamos a un retiro espiritual que a un centro espiritista. Y que metamos las narices en todas las creencias. Y que nos echemos las cartas. Y que, salvando las excepciones, aparentemos ser los fieles de una religión aceptada y respetada. Y somos tan espontáneos en nuestra manera de creer, que ni siquiera percibimos la contradicción entre lo que decimos y lo que hacemos. Porque no somos dados al análisis. E imitando al hugonote francés que por el trono de Francia se convirtió al catolicismo inmortalizando la cínica frase de *"Paris bien vale una misa"*... la cubana se hace judía en un santiamén si es eso lo que hace falta para consumar su amor en el altar. Y tan campante.

Pedro, un amigo mío, católico *"a su manera"*, no iba jamás a la iglesia. En una oportunidad decidió acompañar a la esposa. Tan poco iba, que no se había enterado de la práctica de dar la mano en señal de la Paz del Señor a los feligreses sentados alrededor. Por eso se sorprendió cuando un desconocido en la fila delantera dio media vuelta y le extendió la mano a él y a su esposa. Por supuesto, Pedro no lo conocía y apenado de que el señor, tan fino, lo hubiese notado, lo tocó en el hombro y le dijo, *"Ya sabía yo que te conocía de algún lado"*. Ahora el que no podía recordar a Pedro era el otro. Debe de haberse hecho los sesos agua tratando de recordar quién rayos sería el de atrás. Porque dice Pedro que a cada rato lo veía mirándolo de reojo.

Y es que el cubano es la antítesis del fanatismo o entrega total a nada. Siempre se reserva algo de libre albedrío. Sin ataduras demasiado estrictas. Por eso es del todo inconcebible una guerra de religión en Cuba al estilo europeo. Y en materia de creencias nada está excluido. Y no respetamos jerarquías si no nos acomodan. Poníamos a San Cristóbal en el automóvil. Para que fuera de copiloto. Y nos protegiera. Un buen día la Iglesia lo dejó cesante negando hasta su existencia. Y nadie le hizo caso a Roma. Y San Cristóbal no perdió ni un devoto. Y estos le siguen dando botella a todas partes. Y a San Lázaro lo echaron con perros y todo. Y nadie le hizo caso a Roma tampoco. Y sigue ahí. Y sus perros también. Y todos los años sus fieles le dan tremendo guaguancó.

Si les preguntas, el 90% de los cubanos te dirá que es católico. Porque está bautizado. Y porque viste bien. Pero te aclara que es católico a su manera. Que quiere decir cualquier cosa. Y te añade que no anda creyendo en curas. Y no va a misa. Pero anda con una medallita. Igual que los rebeldes de la sierra. Y así demuestra su independencia. Y si le invitaran, sería capaz de salir con los testigos de Jehová a repartir Atalaya y fastidiarle el sueñito del domingo al vecindario. A pesar de que los critica. Y dice que respeta todas las creencias. Y a la hora de casarse le importa un bledo si es por la iglesia católica, por la judía o por un rito tribal cualquiera. Porque hay que tener una mentalidad abierta. La prueba suprema de mentalidad abierta que conozco es la del asaltado que convenció al asaltante para que le vendiese la escopeta. No hay duda que éste era de mentalidad abierta a cualquier cosa y además un perfecto mentecato. Increíble. La noticia se publicó en Miami. Y parece que el asaltado era cubano.

Hay veces que me pregunto qué hubiera sido de los cubanos en tiempos del obispo Torquemada y la Inquisición. Y pienso que con su amplitud de mente, no hubiera quedado ni uno vivo. Y es que la mentalidad acelerada del cubano no acepta ciegamente nada. Sale con la receta que le da el médico, y con ella en el bolsillo pasa por la botánica y compra raíces de palo de teléfono para un cocimiento que alguien le recomendó. Y no se pierde a Aranegui. Aunque a veces no entienda ni una papa de lo que dice. Porque son temas muy profundos. Aunque estén brillantemente expuestos.

Por suerte los cubanos no suelen practicar el vudú. Porque si supieran como es la cosa no tardarían en ponerse a pinchar muñequitos también. Para darle un pinchazo a quien sea. O a ti. Porque a la hora de hacer muñequitos no te van a olvidar. Y te pincha. Para que otra vez creas. Por suerte, los haitianos tienen el monopolio de su brujería. Y no enseñan a nadie. Y los cubanos sólo han aprendido las murumacas. Y como sólo Dios sabe que es eso, lo mejor es buscarse un mate. Y guardárselo en el bolsillo.

Como para el cubano todas las religiones son buenas, según le convenga, a veces sus intereses son coincidentes con los de creyentes ortodoxos de diferente fe. Un caso curioso es cómo los intereses de los judíos y los palestinos pueden coincidir. Y a su vez hasta interesar a un cubano en sus asuntos. Así vemos como el palestino vive para morir por Alá, el judío para ayudarlo a que lo logre y el cubano para ver quien gana. Y saber si debe ponerse el *kippa* por sombrero o el *fez* como trapo facial. (Nunca he podido saber si los árabes usan el *fez* para protegerse de las arenas del desierto, o para no olerse entre ellos).

De todas maneras hay grados de credulidad también entre los cubanos. Pero sin llegar al fanatismo. El comodín de todas las creencias es el horóscopo. Porque no está en conflicto con ninguna y tiene la virtud de predecir el futuro sin que se ofendan los dioses. Porque son asuntos de estrellas. De conjunciones de astros. Que nadie entiende. Y nadie se atreve a discutir. Salvo Walter y otros eruditos en la materia, que no afectan los intereses de nadie.

Un abogado amigo le cambió legalmente el nombre a un infeliz a quien su padre llamó con el nombre de Zodíaco. Ya imaginarán que clase de tolete lo engendró. Bueno creo que peor fue al que le pusieron "Día Feriado", porque buscaron el nombre que le correspondía por el santoral del almanaque y se confundieron. Por lo demás, lo bueno que tiene esto es que nadie lo mira mal y le reconocemos el derecho que tiene a pensar como le dé la gana. Después de todo es mejor que le eche la culpa de sus males a Saturno a que se la eche a una santería de su vecino Pepito Pérez.

Otra ventaja del estrellado es la satisfacción que llena su ego el creerse que es el chévere de la cuadra porque lo parieron bajo el signo de Leo en conjunción con Aries. Y es que no he conocido un cubano que no se sienta orgulloso de su signo zodiacal. Todos pensamos que en nuestro signo se reúnen todas las virtudes y que los demás signos son inferiores. Nada agrada tanto a un cubano como que le pregunten de qué signo es. Hay que verlo. Enseguida contesta, "Yo soy Leo"... y observa tu reacción. Porque sabe que te ha impresionado. Porque es tremendo signo. Y se siente como un león. No sabemos cómo se sentiría con los cuernos del carnero si hubiera nacido bajo el signo de Aries.

El signo zodiacal es como la ropa que nos queda ancha. Que ajustamos por aquí y por allá hasta que la adaptamos a nuestra medida. Así, de los horóscopos nos fijamos solamente en lo que nos halaga. Y aceptamos al pie de la letra todos los aspectos positivos. Al resto no le hacemos caso. Esos se aplican a los que nacieron con los astros en una conjunción negativa. Y salimos más que inflados. Y ¡qué carácter el que comprobamos que tenemos! Porque ya lo sospechábamos. Los horóscopos actúan como un remedio psíquico. Para idiotas. A los que sirve de estimulante.

Cuando alguien nos dice su signo es igual que el nuestro, surge una instantánea afinidad. Y nos alegramos. Como si perteneciéramos a un club exclusivo de triunfadores. Sin tener ni la más remota idea acerca de quién rayos es el tipo. Y cuando le decimos a alguien cual es nuestro signo tenemos la convicción de que ya conoce los atributos del carácter con que hemos nacido. Que sirven para enterarnos de quiénes somos. Nos retratan. Ahí si es verdad que no hay error. Y nos sentimos secretamente orgullosos. Porque tenemos el mismo signo que Napoleón. Y la Reina Victoria. Y Atila. Y eso nos llena de un callado orgullo. Y si descubrimos que Al Capone nació el mismo día, lo atribuimos a que nació bajo los aspectos negativos. Y no confesamos que nos sentimos orgullosos de ello.

Los astros sirven para muchas cosas. La principal es la proliferación de vaticinadores y vividores. También sirven para que miremos con cierto desdén a los que tienen un signo diferente. Otros idiotas que a su vez nos miran con cierto aire de superioridad. Porque nuestro signo es a todas luces inferior al de ellos. Y es que sentimos que nuestro signo es el mejor del zodiaco. Y eso nos hace excepcionales. En un horóscopo de mi signo que leí en un diccionario enciclopédico decía que somos ases naturales del timón. Ya he estado a punto de "hacerme leña" más de una vez después leer eso. Porque todavía me lo creo a veces.

En asuntos de amor, cuando un estrellado ortodoxo conoce a alguien que le atrae, lo primero que hace es preguntarle de qué signo es. Para ver si es de un signo compatible. Porque si no lo es se busca otra que lo sea. Y si no encuentra, se casa con la que sea. Y hasta allí llega su ortodoxia.

Un estrellado combina las estrellas y los horóscopos con la medicina natural, los santos africanos, las barajas y los espiritistas y de ese arroz con mango sale una flamante botánica en Hialeah y otra en la pequeña Habana. Con lo que da un uso práctico a las estrellas.

Hay quienes se maravillan de cómo los estrellados aciertan el número que va a salir. Y el secreto está en el número tan grande de los que apuestan. Que son miles. Y alguien da en el clavo. Yo debo de estar más salado que un bacalao. Porque nunca me he sacado nada. Pero eso no tiene nada de extraño. Lo que si es un misterio para mí es como cada signo tiene su número de la suerte diferente para el mismo sorteo.

Algunas predicciones históricas han sido sorprendentes. Como el pitazo que le dio un pitoniso a Julio César de que se cuidara de los "idus de marzo". No se cuidó y lo convirtieron en una especie de alfiletero para cuchillos. La única explicación plausible para mí es que el pitoniso era un chivato y por eso estaba tan enterado. Pero, ¿qué nos hacemos con Nostradamus? Ese viejo brujo probablemente era cubano. Uno de esos que lo saben todo. Y eso lo explica todo.

(16)

~*Los Rascabuchadores*~

Hacer un *"perfil"* del rascabuchador es una tarea imposible. Porque en cada hombre existe un rascabuchador potencial. Que es una manifestación del impulso sexual de disfrutar de la mujer sin el conocimiento de ella. Que es una forma de posesión. A la vez que una violación. Reminiscencia del instinto primitivo ancestral de las cavernas. En que nuestros abuelos capturaban las mujeres de otras tribus y la llevaban por los moños en viaje de luna de miel con o en contra de su voluntad. Sin pedirle permiso a nadie. Mucho después fue que se inventó la chaperona, la petición de mano y el matrimonio. Y del impulso violador sólo queda el rascabucheo. Que no es otra cosa que una forma degenerada de satisfacción sexual. De la cual la dama no tiene ni idea.

No hay que confundir al mirón con el rascabuchador. El mirón aprovecha la ocasión. El rascabuchador la crea. El mirón reacciona ante el estímulo que lo provoca. E infeliz de él sino respondiera al estímulo. El rascabuchador aprovecha el descuido involuntario de la mujer en la intimidad. Es siempre un cazador emboscado. Su adaptabilidad y paciencia no tienen límites. Adquiere la inmovilidad de la serpiente en acecho. Mientras observa con vista de águila, la agilidad del gato, y la depravación del sinvergüenza. La noche es su aliada y el descuido de la víctima su fuente de oportunidades. Conoce el área donde habita como la palma de su mano. Los hábitos de sus vecinas y vecinos y sus horarios aproximados de acostarse, levantarse y bañarse son conocimientos esenciales. Los hábitos sexuales de las parejas son especialmente estudiados.

Alrededor del área en que vive no hay secretos para el rascabuchador.

Los puntos de observación habituales del rascabuchador comprenden desde un hoyito, una rendija, un tejado, una ventana o cualquier otro lugar, según las circunstancias. La observada, hasta ahora, ha sido siempre una mujer que no sabe que alguien con un cerebro calenturiento la está escudriñando para ver algo que ella posiblemente no le negaría si él ejercitara el arte de conquistarla. O vería si fuera a la playa. Esto parece lógico, pero no lo es. Porque el rascabuchador se excita con la inocencia natural de la persona observada, con la violación de su privacidad. Y lo que más disfruta es que ella no lo sabe.

Hay excepciones sin embargo. Porque a diferencia del mirón que se limita a mirar, hay rascabuchadores que además tocan. Como el de la mano muerta en que la rascabuchada sabe que algo anda por ahí. Porque la mano no está muerta. Y la mujer, sorprendida, no sabe que hacer. Que es precisamente lo que el de la mano muerta espera. El temor al escándalo. Que la paraliza. A ella. No a la mano. Y cuando reacciona ya es muy tarde. Raras veces suena la galleta. Que es lo que piensa ella que debió hacer. Después del burro muerto. Pero no hay ningún burro. Ni hay nada muerto. Lo que hay es vergüenza y estupor.

Yo nunca conocí un hombre que desperdiciara la oportunidad de echarle un vistazo a una muchacha descuidada. Y si era un matrimonio, entonces se llegaba hasta la invitación a los amigos. Para que asistieran al próximo espectáculo. Siendo estudiante en La Habana conocí un estudiante de medicina, ahora un prestigioso galeno del exilio, que observaba por una claraboya a un matrimonio joven. Tantas veces lo hizo que cayó con claraboya y todo encima de la pareja. Que lo atacaron como tigres. Cuando al fin pudo zafarse ganó la calle desnudo. Antes de que llegara la policía. Su hermano lo encontró ya amaneciendo escondido en un automóvil. Que yo sepa nunca exigió a la pareja la devolución de sus calzoncillos.

Los estudiantes del interior de la Isla que se hospedaban en casa de huéspedes en La Habana son conocedores de excepción del tema que tratamos. El rascabucheo era casi parte de los planes de estudio. Se planeaba la acción con precisión militar y se intercambiaba información acerca de los prospectos. Que eran las estudiantes. Que por supuesto eran totalmente inocentes. Y a la que ponían en la mirilla difícilmente escapaba al escrutinio a que era sometida. Ni a la paciencia asiática del rascabuchador. Que yo recuerde nunca supe de ningún reproche o escrúpulo de tipo moral. Era una actividad aceptada y excitante. Y añadiría que el que esté libre de pecado que tire la primera piedra.

En una casa de huéspedes en que viví había un bañito que compartían estudiantes de ambos sexos. Y los varones habían ensanchado el hoyo del tubo de la ducha en forma casi perfecta. Y las rascabuchaban. Pero les esperaba una sorpresa. Las muchachas prepararon una pera con una manguerita y en el momento oportuno echaron un chorro por el hoyo. El rascabuchador recibió un impacto directo en un ojo. De orine. Y formó tremendo escándalo preguntando qué le habían echado. Porque las muchachas eran estudiantes de farmacia. Y podía ser cualquier química. Ellas le gritaban, "¡Lávatelo que lo pierdes descarado!". Se lavó tanto el ojo que por poco lo pierde de verdad. Y lo más insólito fue que negaba que hubiese estado rascabuchando.

Una forma generalizada de rascabucheo en La Habana eran los ómnibus locales de pasajeros atestados de público que aprovechaban algunos elementos rascabuchadores para pegarse a las mujeres. Que por mucho que trataban no podían evitarlo. Esto repugnaba a cualquier persona decente y muchas veces ocasionó reacciones violentas. Estos aprovechados podían detectarse a veces por la mirada fija en el techo, como hipnotizados. Disimulando con cara muy seria. Parecida a la que vemos algunas veces en el quieto de la piscina. Parado en un punto sin moverse, con expresión concentrada y sin pestañear. Y de pronto se aleja rápidamente del lugar. Cuando notes eso, aléjate tú también. Que ya terminó.

Siempre me ha fascinado lo mucho que se parece el hombre al mono. Pero hasta que me regalaron a Pancho no pude darme cuenta de lo mucho que se parece el mono al hombre. Incluyendo sus aspectos negativos. Me lo regalaron por mordedor. Pero no me dijeron que también era un atrevido rascabuchador. Con una peculiar curiosidad por averiguar qué era lo que había debajo de cualquier falda que se pusiera a su alcance. Que no perdía tiempo en levantar para mirar. Para horror de la cocinera. Por la que sentía especial predilección. A todos resultaba gracioso el asunto. Menos a mi madre que lo encontraba asqueroso. Tuve que regalarlo a un pequeño zoológico. Donde había varias monas monísimas. Sin faldas. Y sin secretos. Que el dueño quería aparear. Pero parece que Pancho estaba pensando en la cocinera. Pues ni siquiera las miraba. Le dije al dueño que les pusiera faldas. No comprendió. Y yo no le expliqué. No era cuestión de estar desprestigiando a Pancho. Por hacer lo mismo que hacen los hombres. Y hasta los niños. Porque a la edad de tres años por pura curiosidad infantil, salí de debajo de una colombina gritándole a la niñera, "¡Te ví, te vi!". La niñera, una morena gorda, estaba bañándose en una batea. Precoz el nene. ¿Saben lo que es una pela? Parece que mi madre no creía en la curiosidad infantil. Y me dio unas buenas nalgadas. Violando la Primera Enmienda. Y frustrando mi derecho constitucional a realizarme. Pero de que me enmendó, no cabe duda. Nunca más me metí debajo de ninguna colombina.

Todo esto me deja perplejo. Leí hace años acerca de un científico que quería observar el comportamiento de un mono ante ciertos estímulos. Llenó una habitación con cuanto objeto interesante pudo hallar. Y encerró al mono en la habitación. Se asomó entonces por un hoyito preparado al efecto. Y vio un gran ojo pardo. Observándolo a él. Esto confirma la proverbial curiosidad del mono. No obstante, no puedo acabar de decidir si el hombre es rascabuchador porque tiene la curiosidad del mono o el mono rascabuchea porque tiene la malicia sexual del hombre. Pero me inclino a aceptar como evidente que se trata de un gene común a ambos. Porque Pancho no aprendió de nadie su peculiar comportamiento. Y no creo que las dos ancianitas que me lo regalaron fueran rascabuchadoras. Que también las hay. Pero más discretas. Aunque nunca he sabido que una mujer taladrara un hoyo para rascabuchar a un hombre. Además sería innecesario. Porque a menos que el hombre fuera un mariquita pudoroso, le mostraría a la dama todo lo que provocase su curiosidad. Sin taladrar nada. Por otra parte, el éxito de los lugares donde se practica el *striptease* masculino, no se ha logrado con la asistencia de marcianas sino de terráqueas. Y hay que ver el alboroto que forman las niñas. Casadas, solteras y divorciadas. Y de todas las edades.

Hace años viví en Kissimmee. Tenía por vecina una vivaracha viejita. Que insistía en que me pasara un fin de semana con ella. En un campamento nudista. Un campamento nudista es un lugar donde no hay gallo tapado. Todo el mundo sabe el número de la papeleta. Y nadie puede fingir pudor. Yo no sé qué se traía la anciana. Pero no pude evitar pensar que algo no andaba bien con su cerebro. Y es que ella pertenecía a la época del pudor. Cuando la mujer daba un grito si la sorprendían en paños menores. O sin paños. Porque había que demostrar pudor o se revelaba como una cualquiera. Hoy en día hablarle del pudor a una mujer joven es igual que esperar de ella que entienda la teoría de la relatividad.

Yo creo que me porté como un mal pensado. Pero es que también me decía que iba a preparar un pastel para que nos lo comiéramos juntos en el campo. A mí me gustan mucho los pasteles. Pero yo sentía la menor disposición a comérmelo con la viejita en cueros sentada frente a mí. Y no acepté la invitación.

Un campamento nudista es una constante exhibición. De esperpentos. Por eso es que nadie mira a nadie. Y si te encuentras con una reina de belleza allí, tienes que mirarla de reojo. Porque las feas están observando tu insistencia. Y tengo entendido que a los mirones imprudentes los botan del campo. Por las quejas de los esperpentos. Que son la mayoría.

Hoy en día el arte de rascabuchar está en decadencia: la juventud no rascabuchea tanto como las generaciones pasadas. Y es que el desnudismo en la playa y en todas partes permite ver mucho más. Con menos trabajo. No hay curiosidad que no se satisfaga. Aunque anula la emoción. El camino hacia la desnudez ha venido cobrando víctimas inocentes desde hace muchos años. Entre las que no tenían nada excitante que mostrar. Y lo ocultaban con rellenos y almohadillas. Hasta que se casaban. Porque si se mostraban antes eran "out" por regla. Y pasaba como con la cancioncita española que decía: *"mas el día de la boda descubrió la pobre Inés, que su marido tenía, siete dedos en ca' pie...".* Porque había sorpresas para ambos. Como en Palma Soriano, en la que se dio el caso de una guajirita que en la noche de su boda se encaramó en el escaparate dando gritos y tuvieron que traer el cura para convencerla que se bajara. Y cuando al fin lo hizo emprendió la fuga corriendo por la calle principal del pueblo. Envuelta en una sábana.

Se dice del cerebro humano que no aprovecha ni un 10% de su potencial. Creo honestamente que a esta conclusión se llegó sin tomar en cuenta la imaginación febril pero magnífica del rascabuchador cubano. Si no, piensen en la técnica poco común del hoyito. No en la pared. Ni en la puerta. No es un hoyito estacionario. Es móvil. Listo para permitir al rascabuchador el entrar en funciones en cualquier lugar, sin llamar la atención ni levantar sospechas. Este hoyito es desplegable, y se lleva bajo el brazo. Pues no es más que un periódico. Con un hoyito. ¿Una pierna mal cruzada? Despliegue el periódico, hágase el cegato y mire por su hoyito. Y dele rienda suelta a su lujurioso, pero formidable cerebro. Sin embargo, la técnica no le funciona al mirón del campamento nudista. Porque no puede ocultar lo que está pensando.

Pero de todos los rascabuchadores el más común es el mirón de reojo. Que no hay pierna cruzada o escote holgado que se le escape. Y siempre obtiene una gratificación por su esfuerzo. Porque lo que no alcanza a ver lo imagina. Y tienen más poder mental que Mandrake el Mago. Pues pueden materializar mentalmente aquello que imaginan. Y convertir a Rosario, la de Popeye, en Cleopatra.

(17)

~*Los Huéspedes*~

La hospitalidad es una de las virtudes más bellas del cubano, que además disfruta cuando la brinda. Porque los huéspedes siempre te dan alegría. Unos cuando llegan y otros cuando se van. Los primeros dejan un sincero sentimiento de soledad o vacío cuando se marchan. Son tus amigos e invitados. Los segundos son los huéspedes de compromiso y los parientes que se auto invitan. Que dejan una feliz sensación de íntima paz y tranquilidad. Cuando se van. Y se van cuando les da la gana.

Los principios fundamentales que deben regir la conducta del huésped son: que la casa de su anfitrión no es la suya. Que debe adaptarse a las costumbres de éste. Que, sobre todo, el complemento de la bienvenida es la despedida. Que ningún huésped es bienvenido por un periodo indefinido de tiempo. Que el grado y calor de la bienvenida guarda una relación directa con la duración de la visita. Que cada día que pasa tiende a disminuir el sentimiento de hospitalidad, incrementándose en igual proporción la ansiedad por la esperada despedida. Y que una visita que se prolonga demasiado convierte al huésped en algo así como un polizón a bordo, que hay que agarrar y bajar del barco.

Para Pepito, un huésped cubano "average", todos esos principios son pamplinas. Porque para él un té inglés y un vomitivo son la misma cosa y si fuera huésped de un inglés y éste quisiera que tomase algo, mejor será que le cuelen un buen café cubano, que él no va a viajar a Londres a que le disparen el mejunje ese. Y no se lo toma ni a las cinco de la tarde ni a ninguna hora. Ni tampoco se va disfrazar para sentarse a comer. Que a la mesa se viene a disfrutar de la comida y no a sentirse apretado con un lazo en el cuello. Que hay que ser natural y no dejarse impresionar. Y es que los cubanos tenemos tendencia a confundir la hospitalidad con la confianza. Esta confusión origina y explica la conducta del más insoportable de los cubanos: el cubano confianzudo.

El cubano confianzudo no conoce ni respeta ninguna regla de urbanidad. Como huésped, quiere demostrarte que él sí es verdad que es amigo tuyo. Y que se siente en tu casa como en la propia. Te dice que él no se anda con hipocresías ni cumplidos. Ni cree en convencionalismos sociales. Ni en reglas de urbanidad. Recuerda que en su casa había un libro que escribió "un tal Carreño" que hablaba de eso; pero que nadie hacía caso de sus reglas. Y que su mamá decía que si les hubieran hecho caso yo no hubiera nacido. Porqué papá tenía que tocar en el cuarto y preguntar si la señora estaba dispuesta para recibir obra de varón. Y ella era sorda.

Los auto invitados son usualmente parientes confianzudos. Que guardan una semejanza con los *trolleys*. Que dicen que les llueven del cielo a los que nacen para tranvía. Y estos huéspedes te caen de sabe Dios donde. Pero yo no puedo creer que sea del Cielo. Porque si vienen de allí, entonces es mejor hacer como el indio Hatuey y buscar otro lugar adonde ir cuando muramos.

Los *trolleys* servían al menos para darle energía al tranvía. Y también para que, celebrando la Semana del Niño, los estudiantes de bachillerato los zafáramos para detenerlo, invadirlo e irnos a pasear gratis. Con la segura bienvenida de las chinches del tranvía. Que se volvían locas tratando de atender a tanto niño. Niños que teníamos ya la voz más ronca que Popeye el Marino. Y nadie se explicaba por qué aquel atajo de viejos celebraban la Semana del Niño.

Francamente, no sé para qué sirve un pariente de los que se auto invitan. Sí creo que si te escogen como anfitrión es porque te han visto cara de param-pan-pin, o algo así. Y saben que les vas a dar la bienvenida. Como las chinches a los estudiantes.

Para detectar rápidamente a un confianzudo basta con observar dónde se sienta apenas llegado a tu casa. Porque "se pone cómodo" en el acto. Y para eso, nada como tu sillón reclinable y tu periódico. Pues como tu casa es como la propia, mantiene sus hábitos. Sin importarle un bledo los tuyos. Después de eso ya no habrá sorpresas con tu huésped. Por ejemplo, te pregunta si te vas a demorar mucho en el baño, porque él tiene que afeitarse. O te dice que te apures. Porque él tiene urgencia de entrar. Y lo que tiene es el periódico doblado bajo el brazo listo para leerse la página de los obituarios. De punta a punta. Que es lo único que lee. Porque en su fuero interno disfruta con ser un sobreviviente. A pesar de su edad. Y te enseña fotos de algunos más jóvenes y te dice, "Mira, me llevé por delante a Fulano. Míralo aquí. Y también a Menganito. ¿Qué te parece?". Por otra parte, disfruta mucho la descripción del funeral. Que se ha aprendido de memoria. Mientras todos esperan.

Hay personas que sólo salen en la prensa muriéndose. O haciendo algo espectacular. Hoy en día, para que una noticia sea sensacional no basta con matar alguien. Tienes que descuartizarlo y comértelo. O que suceda algo insólito, como la foto de cumpleaños de una niñita que publicó un periódico venezolano en el mismo centro de la página de obituarios. Rodeada de cruces por todas partes. Su padre era un humilde empleado del periódico.

Los huéspedes son testigos, no como los de Jehová, que te fastidian el sueñito del domingo tratando de colarse en tu casa. Porque quieren hacerte un bien tratando que te dispares a Atalaya. No, el huésped confianzudo ya está colado. Y lo que quiere es que te lo dispares a él. Pasándose unas vacaciones en tu casa a tu costa. Y si lo dejas toma posesión de tu hogar. Haciéndose cargo de supervisarlo todo, desde la educación de tus hijos en la escuela hasta lo que debes de plantearle a tu jefe. Porque opina y da consejos acerca de todo. De tu matrimonio, de tu carácter, de lo aguantón que eres. Porque es un entrometido a quien no se le escapa nada. Y además, porque es también un testigo. Pero de tus intimidades. Sin la discreción de los tres monitos sabios, pues lo ve todo, lo oye todo y lo habla todo. Y te critica y juzga. A ti y a tu casa. ¿La comida? Horrible. ¿Tus hijos? ¡Insoportables!

Y no acaban de irse. Mientras tanto tu vida y milagros pasan a ser del dominio público. Porque la mayoría son mal agradecidos. Y sus chismes y comentarios serían la envidia de cualquier periodiquito de escándalos. De ahí el proverbio de que *"casa hospedada, pobre y deshonrada".* Y si no sigues sus consejos se ofende porque considera que eres un mal agradecido. De modo que no tienes forma de ganar. A menos que se trate de un tío al que piensas heredar. Y tú no tengas vergüenza. Pero también podría salirte el tiro por la culata. Porque hay tíos más improbables que la Lotto.

Como uno en Alemania que dispuso que conservaran su cadáver para que lo enterraran el día más frío del año, a las tres de la madrugada. Conducido en una carroza tirada por caballos. Todo esto bajo la nieve. Era multimillonario. Y aparentemente adorado por sus sobrinos. La madrugada del sepelio no fue ni uno. Sólo el ayuda de cámara, el mayordomo, el cocinero, el chófer y una sirvienta acompañaron el cadáver. A la lectura del testamento asistieron todos los sobrinos. El testamento disponía que la fortuna completa fuese distribuida entre los asistentes al sepelio. ¡Qué tío!

He tenido toda clase de experiencias con huéspedes. Por unos días alojamos a una pariente cercana, su esposo y su suegra que vinieron de mudada para Miami. El esposo, un profesional con aspecto muy distinguido. Muy cordial. Y sobre todo una cara de cemento armado única. Tan pronto llegó se apoderó del control del televisor. Y acto seguido, aprovechando un momento en que me levanté, me pasó como al que fue a Sevilla: perdí la silla. Y cambió el canal que yo estaba viendo. Ya acomodado llamó a la mamá para que no se perdiera la cosa tan simpática que había sintonizado. Y le pidió que le preparara un "sandwich". La vieja no se hizo esperar. Partió en el acto hacia el refrigerador preguntando dónde estaba el jamón.

El problema con los huéspedes es que uno se imagina que los conoce. Cuando en realidad nadie conoce a nadie hasta que comparten el mismo techo, el mismo baño, la misma cocina y el mismo televisor. Entonces es que conoces a tus amigos íntimos. Como el amigo en tránsito a quien invité a hacer escala en casa. Y se apareció con Loro. El perro. Que le pusieron ese nombre porque según su dueño, el sato hablaba, no ladraba. Y Loro se orina en el refrigerador. Porque está demarcando su territorio. Algo muy ocurrente para mi amigo y su esposa. Que le preguntan al perro si está nervioso. Y el perro menea el rabo. Que quiere decir que sí, porque extraña. Mientras, mi señora limpia el refrigerador y el piso. Sin ayuda de ellos. Que siguen contando las gracias de Loro. Atraje la atención de ambos cuando les dije que el perro tenía que quedarse afuera. Eso cambió el plan de viaje trazado por la Triple A. Y decidieron continuar su viaje con Loro, a primera hora del amanecer. No tuve tiempo de preguntarles cómo era que habían aprendido a hablar con los perros. Pero, evidentemente, había que hablar con voz de ñoño y poner cara de idiota.

A principios del exilio acogimos en el bahareque parecido al "bungalow" de Tarzán que teníamos por casa, a un matrimonio joven que ayudamos a salir de Cuba. A ella la conocía desde muy pequeña. Así que era como de la familia. La acomodamos con el marido en un portalito cerrado. Mi esposa estaba en estado y hacia todo el trabajo de la casa. Ella no ayudaba en nada. Y de cocinar ni hablar. A mi mujer le daba pena decirle algo; pero yo la llamé y traté que ayudara en lo posible. No dio resultado. Cuando les dije que en lo sucesivo se cocinaran su propia comida se pusieron ambos a dieta de maní. Igualitos que Jimmy Carter. No soltaban la lata ni para dormir.

Todos los exiliados, casi sin excepción, sabemos a qué sabe un sujeto extraño alojado sin fecha fija en tu hogar. De ahí que lo más sabio es dejarse de guanajadas y evitar los problemas manteniendo alejados a los huéspedes. Para ello es esencial que dejes de darte lija con el tamaño de tu casa y tu cuarto para huéspedes. Porque estás provocando. Y después no te quejes cuando alguien haga planes de vacaciones con tu cuarto. Sí, ya sabemos que hay algunos que se te van a envasar de todas maneras valiéndose de patrañas. Como un señor conocido nuestro que vino desde Washington y me llamó diciéndome que no podía ir a un hotel por razones que me explicaría después. Creyendo que era una verdadera emergencia lo acogí en mi casa para lo que yo pensé sería un fin de semana. Estuvo un mes y lo único que no hice para que acabara de irse fue botarlo con el sheriff. Un año después me llamó desde Washington diciéndome que venían a Miami y querían verme. Le contesté que cuando llegara me dijera en qué hotel estaba hospedado. Nunca más me ha llamado. Pero sería interesante saber si se ha colado en la Casa Blanca.

Son muchas las maneras en las que un esperado huésped se convierte en un paquete del que hay que deshacerse a toda costa. Como le sucedió a un vecino, que recibió en su casa—por lo que creyó serían dos o tres días—a un amigo de la familia llamado Tatica. Sólo dos días llevaba Tatica en casa del vecino, y ya sabía mejor que él qué es lo que había en el refrigerador y en la despensa. Y no sólo eso, también le sugería a la esposa de éste qué productos debía comprar en lugar de tanta pasta y cómo le gustaba a él que se los prepararan. Marcaba el periódico con un "marker" amarillo. Y lo recortaba. Al tercer día ya expresaba su descontento porque la hija del vecino hablaba mucho por teléfono y él estaba esperando llamadas importantes. Así pasaron casi cuatro meses. Hasta que su suegra decidió mudarse con ellos. Y hubo que darle el cuarto de Tatica. Así salió de Tatica. A quien, algo preocupado, tuvo que llevar al aeropuerto. Tres días después esperaría a su suegra.

Y éste no es un caso único. Es más, es bastante frecuente. En una situación casi idéntica, el huésped, que había extendido a tres meses una invitación de tres días, les dijo a sus anfitriones que lo había pasado tan bien que pensaba repetirlo todos los años durante los seis meses del verano. Y que si no les importaba vendría con su hijo.

Solíamos enorgullecernos de que nuestra casa era de puertas abiertas para todos. Puros idiotas. Ya no. Hoy y siempre estarán abiertas para aquellos que nos hacen sentir el vacío y la soledad con su partida. Los otros, los que sólo producen alegría al marcharse, nos darían más alegría aun si nos anunciaran que no vienen.

Los huéspedes resultan siempre una cajita de sorpresas. Pero los hay que resultan una verdadera Caja de Pandora. Pero sin la Esperanza en el fondo. Como cuando se nos aparecen en grupo y sin aviso. Como les sucedió cuando el Mariel a los cubanos plantilleros que los provocaron con sus alardes de prosperidad en el exilio. Que desató una estampida de huéspedes inesperados que habían decidido cambiar la piojosa colombina castrista por el colchón del sueño americano. Sólo para descubrir que el sueño tenían que buscarlo en un pim-pam-pum que Chucho pidió prestado. Pero en su favor hay que considerar que estos huéspedes fueron el producto de la tragedia cubana, con circunstancias fuera de su control, mientras que a los otros hay que apreciarles los agravantes de premeditación y alevosía.

Por lo que me atrevo a sugerir que jamás brindemos nuestra casa diciendo *"ESTA ES TU CASA"*. Todos sabemos porqué. Y que para los casos de abuso extremo, aunque algo rudo, tengamos siempre disponible un cartelito con la siguiente leyenda:

"BIENVENIDAS LAS VISITAS POR LA ALEGRÍA QUE DAN... CUANDO SE VAN".

(18)

~*El Fuerte de los Esteroides*~

Si ves acercarse a un sujeto que tiene el torax de Hulk, el hombre verde. Las piernas de Benitín. El cuello de King Kong. Los brazos como esos jamones que cuelgan en los restaurantes. Anda con una camisetica sin mangas.... Y camina como una reina de belleza, no titubees un segundo y apártate. Porque si no te apartas pronto te va a sacar de la acera una masa muscular amorfa. Con los músculos de un gorila. Y adonde te cruces con él no caben dos. Es un fuerte de los esteroides.

El fuerte del esteroide es un hombre que hace con sus músculos lo que un niño con su globo. Que los infla. Y que, igual que el niño, no sabe cuando parar de inflar. Y al niño se le explota el globo. Pero el fuerte no explota. Lo que le sucede es que se le inflan los músculos en forma desproporcionada y se le forma un cuerpo que parece hecho con partes de los cuerpos de otros. Todo pecho y brazos. Pero la cabeza se le queda igual. Y el cerebro permanece tan chiquitico como antes. En conjunto es un Frankenstein. Producto de los esteroides. Pero lo más sorprendente es que él se considera a sí mismo un bellísimo Adonis. Y saca el pecho de modo que se noten sus atributos de belleza. Y aguanta la respiración mejor que un pescador submarino. Y se aleja convencido que ha despertado la admiración de todos.

Pero más sorprendente aún, créanlo o no, es que éste es el prototipo de la belleza masculina preferido por las jovencitas de hoy. Que caminan orgullosas a su lado. Luciendo su anillo en el ombligo. Y un tatuaje en el tobillo. O más arriba. Y la vergüenza en ninguna parte. Pero son un encanto. Y en ese minuto, también nos ponemos como Hulk. Verdes. Pero de envidia. Después los criticamos con nuestra mujer que ha estado observando como mirábamos a la niña. Y le damos una conferencia acerca de la moral. Y la perdición de los jóvenes. Que es lo mismo que hacemos en la playa con espejuelos oscuros. Y cara de yo no fui. Pero nuestra mujer lo nota. Y entonces argumentamos, como último recurso defensivo, que lo que debe hacer es alegrarse, porque si no nos gustaran las mujeres sería muchísimo peor. Además, las miramos sin malicia. Y sólo les daríamos consejos.

Comprender la psicología de estos "fuertes" es casi un imposible. Aunque no hay duda que están tan enamorados de sí mismos como el mitológico Narciso. Y por eso hacen como los periquitos. Que no perdonan un espejo ni por casualidad. Y se miran en ellos aunque sea de reojo. Un periquito enjaulado se mira en el espejito para tener compañía. Los fuertes del esteroide se miran para admirarse. Otro detalle son las camisetas. Que parece que se les encogen. Y se les salen las tetillas. Y no les importa. Porque piensan que con ellas vuelven locas a las mujeres. Y están convencidos que no hay una que se les resista. Se creen ellos. Yo quisiera verlos con la madre Teresa de Calcuta.

Siendo estudiante en La Habana mi compañero de cuarto en una casa de huéspedes estudiaba con un Tarzán de la época. Que hacia planchas mientras el otro leía las conferencias. Y se jactaba de cómo se le daban las mujeres. Eso en una época que para conquistar una había que dispararse la chaperona. Vivíamos en un cuartico en la azotea. Una noche subió al cuarto a esperarnos mientras comíamos. Al poco rato subimos y no nos sintió llegar. Pues bien. Lo encontramos ensabanado haciendo visajes frente a un espejo. Igualito a Nerón. Estaba tan metido en el papel que demoró unos minutos en notar nuestra presencia. Le pusimos Nerón. Y hasta le hicimos un arpa (parecía). ¡Y pensar que viendo los músculos que tenía nos sentíamos acomplejados! Y nos pusimos a hacer ejercicios en la azotea. Hasta que las burlas de unos albañiles que estaban cargando concreto en un edificio en construcción al lado del nuestro nos hicieron cancelar el plan. Porque nos gritaban que cogiéramos las carretillas igual que ellos. Y la verdad es que estaban durísimos. Pero no lograron atraerse ni un voluntario.

Los fuertes del esteroide tratan de emular en el amor a los machos de algunas aves. Que suelen ser más bonitos que las hembras. Como los pavos reales, los patos Mallard, los faisanes, y muchos más. Que se valen de su bello plumaje para cortejar a las hembras. No quiero decir que pretendan hacer el amor igual que un pato. Lo que quieren es ser bellos como ellos. Y no se dan cuenta que ellos no tienen plumas. Aunque hay algunos a los que les encantaría. Y que un músculo atrofiado no puede compararse en belleza a ninguna pluma. Ni de que en la especie humana hay que dejar la belleza para las hembras. Que sean ellas las bonitas. Pero estos bonitillos todos los días inventan algo. Ahora, si alguien te saca la lengua, fíjate bien. Porque parece un lagarto. Y pudiera ser en realidad uno de ellos. Porque ahora se dividen la lengua en dos. Pero, ¿es que alguien puede explicarme para qué sirven dos lenguas? ¿Es que van a multiplicar por dos lo que hablan? ¿Y lo que cantan? ¡Dios nos coja confesados!

Yo era niño cuando Tarzán andaba dando gritos y saltando de mata en mata. Con Jane colgada de él. Y la mona Chita. Que fue la que los hizo famosos, en otro bejuco más atrás. El otro que estaba en el candelero era Charles Atlas. Que nos enseñó cómo, empujando un brazo contra el otro, desarrollaba uno los bíceps. Ridículos. Comparados a los del "Terminator". Pero eran naturales. Sin trampas. Ni esteroides. Íbamos al gimnasio a cargar pesas. Y trepábamos una soga. Aunque no llegáramos a ninguna parte. Como las bicicletas estacionarias. Que nos juegan la misma broma. Y les gustábamos a algunas muchachitas. Otro modelo era Robert Taylor. Que no era un forzudo. Ni le hacía falta. Porque conquistaba con el bigotico. Que le imitábamos. Cuando teníamos pelos. Y si no, nos lo pintábamos con un lápiz Mikado no.2. Una sombrita. Y pensábamos que nadie se daba cuenta. Aunque me contaron de uno que en una fiestecita de quince se tomó una cerveza y con la espuma se le corrió el bigotico. Y todo el mundo se dio cuenta. Porque le quedó el bigote igualito que el de Chan Li Po. Y no sabía por qué los amigos en la fiesta le hablaban imitando chinos.

A propósito del bigotico, siendo todavía muy joven para que me creciera, me dijo un guajiro que yo no sería un hombre hasta que al besar una fruta bomba verde la hiciera brotar leche. Él la besaba y salían unas goticas de leche. Pero conmigo no salía ni una. Sin que nadie me viera estuve besando fruta bombas adonde quiera que viera una. Me las comía a besos. Pero nada. Al fin el guajiro se apiadó de mí. El asunto es que él las pinchaba con los cañones de los bigotes. Y brotaban las goticas. Si no me lo dicen todavía estaría besando papayas. Porque nunca tuve bigotes.

Hubo una época en que se pusieron de moda unos fuertes que eran un verdadero esperpento. Fueron los fuertes instantáneos. Hechos a la medida. Por el sastre. Que veíamos por la mañana con su figura endeble. Y por la tarde tenían unas espaldas que no pasaban por ninguna puerta. Y lo lograban sin esteroides. Había llegado la moda de la guata en las hombreras. El único problema era que no había cómo ponerle guata al cuello. Y el fuerte lucía como un perchero, al que habían colgado un saco de hombreras gigantes y el cuello y la cabeza lucían como el ganchito del perchero.

A todo recurrían, recurren y seguirán recurriendo los jóvenes para poder competir con su físico por el favor femenino. Esto lo lográbamos antes dentro de los parámetros normales aceptables. Y estaba justificado. Porque aquello de que "el hombre como el oso mientras más feo más hermoso" debe de haberlo inventado Quasimodo. Y nadie quisiera parecerse a él para ser hermoso. Y terminar como un fenómeno de circo.

El musculoso procura destacar su apariencia física y llamar la atención en todas las formas posibles. Menos explotando como un palestino. Porque el palestino se vuela para ir a ver a Dios. Y el musculoso no va a ningún lado. Porque Dios es él. Además, hay formas menos violentas. Como el tatuaje. Que no se comprende porque no representa ningún beneficio al tatuado. Sino a los familiares. Para identificarlo en el necrocomio. Todos sus otros usos son para beneficio ajeno. Por lo que tendremos que definirlo como el I.D. del idiota. Que los clasifica y distingue. Pero Pepito piensa que es un sello de distinción que hace más bellos sus músculos. Y se hace tatuar un corazón jurándole amor eterno a Pepita. Y Pepita encuentra otro musculoso más bello. Y lo bota. O él siente ahora amor eterno por Manuela. Y el tatuaje no le sirve. Y es que la inexperiencia no les permite apreciar la volubilidad del alma humana. Como un caso aparecido en la prensa en Cuba en los años cincuenta. Muere Eliseo. La joven viuda, desesperada, le coloca una tarja que decía: Sin ti vivir no deseo / Y siento que moriré / Espérame aquí Eliseo / Que pronto te acompañaré…. Pero poco después volvió a casarse. Y un irreverente burlón se fue al cementerio y sobre la tarja de Eliseo le puso este aviso: Ya no me esperes Eliseo.

Muy tarde comprende Pepito que la policía siente pasión por los tatuajes. De otros. Pues la última vez que lo agarraron le tomaron una foto al tatuaje del corazón. Y de paso también de otro con un águila. Que le encontraron en una nalga. Que se tatuó para complacer a su amigo Tony. Que es muy patriota. Y ahora resulta que ya Tony no quiere saber de él. Y anda con uno que tiene tatuada una bandera americana. En el mismo lugar. Y Pepito no tiene a quien lucirle el águila.

Aunque no podemos defender la falta de sentido común de los fuertes del esteroide, hay que excusarlos por jóvenes. En los adultos es una imbecilidad patética. Como la de esos viejos que vemos por ahí con melena y bigotes. Remanentes de los "hippies". Que se parecen a Buffalo Bill. Hasta que se quitan el sombrero. Y sale a relucir una tonsura gigantesca. Y no son curas. Son peludos frustrados. Porque son calvos.

Lo que sí tengo que admitir es que a los que pertenecemos a la época prehistórica del Hombre de Cromagnon, no nos cabe en la cabeza que todos nuestros esfuerzos por crecer y multiplicarnos haya sido para esto. Y lo peor es que nos llaman papi, comen y duermen en casa y se llaman igual que uno. Y para colmo los queremos. Aunque a veces nos den ganas de matarlos. Como pasaba ya con las costumbres y los jóvenes en la época de los faraones.

(19)

~*El Don Juan Cubano*~

En su obra Don Juan Tenorio, Don José Zorrilla recoge magistralmente la epopeya toda del cortejo y seducción de la mujer en una época en que la moral y las buenas costumbres exigían de ésta que fuese la viva imagen del recato y la virtud. Aunque tuviera méritos más que suficientes para repartirse las piedras con María Magdalena. Y nos la pintaran de perfil oliendo una flor. Eso sí, para los manejos comprometedores contaba con la ayuda de la alcahueta. Que era la lleva y trae. Y hacia los arreglos para los desarreglos con el romántico pretendiente. Un alardoso galán español que tiene tantas conquistas amorosas en su haber que lleva la cuenta en una libretica. Y que, seducida la dama, no pierde tiempo en irse a la taberna. A alardear de su hazaña ante todos los borrachos del pueblo. Cumpliendo una cita con Don Luis, otro probable impotente que también se dedica a seducir doncellas. Y tiene también una lista. Con los nombres de las seducidas. Y ambos lo pregonan todo. Sin discreción alguna. Y nos recuerdan los alardes del gallo. Al que imitan en todo. Menos en lo de sacudirse, encaramarse en un palo y cantar.

En todo hombre hay un mormón en potencia. Que son tenorios encubiertos. ¡Villanazos! Estos sí es verdad que se inventaron una religión a su medida. Aunque no por ello hay que dudar de sus buenas intenciones. Después de todo, todo el asunto tiene un origen religioso. Que comenzó con aquello de *"creced y multiplicaos"*. Jamás un mandato divino ha sido observado tan al pie de la letra y con tanto placer por todos: creyentes y no creyentes; tanto por lectores de la Biblia como los de Tarzán de los Monos, incluyendo los que no leen más que los obituarios. Que lo obedecen por instinto.

Además todo se hizo posible porque con el mandato se creó la pareja, o sea el vehículo. Las especies animales que consideramos inferiores, no han creído necesario alterar el método tradicional establecido. Los humanos lo han alterado todo. Y el resultado es que quienes no concebían, ahora conciben demasiados. De una sola vez. Y cumplen con el mandato bíblico pariendo por camadas. Un exceso de celo religioso. Algo no previsto por la naturaleza. Que sólo dio dos mamas a la mujer. Sin poder ni remotamente imaginar que algún día las camadas serían hasta de seis o más.

En los seres humanos la pareja la componen el hombre y la mujer. Que es un contrasentido. Porque son pareja porque son diferentes. Cuando son parejos, o sea del mismo sexo, son otra cosa. En el orden natural de las cosas la iniciativa en la formación de la pareja solía corresponder al macho, que se las arreglaba para llamar la atención y conquistar a la hembra. Para ello subía a los palacios y bajaba a las cabañas adonde escarnecía la virtud burlándose de las mujeres. Hoy en día no hay burlados ni burladores. Ambos están de acuerdo. Zorrilla capta la imagen del burlador con su Don Juan, que en competencia con su Don Luis se disputan todas las bellas del pueblo. Y las feas también. Y las novicias. Y sin proponérselo dejan sin mujeres disponibles al resto de los mortales. Lo que posiblemente dio lugar a la formación de parejas de parejos. Que habría que incluir en una nueva edición del Tenorio. En la que habría además de Don Juan y Don Luis, dos parejos disputándose los machos del pueblo. Cada uno con su lista. En la que estarían incluidos Ciuti y el Comendador.

Así andaba el mundo cuando hizo su entrada en escena el conquistador cubano. El Don Juan cubano no tiene nada que envidiarle al Tenorio clásico. Pero en cierto modo es un conquistador sui generis que reprime el deseo de alardear de sus conquistas. A medias. Porque alardea del milagro pero sin mencionar el santo. En la cultura cubana la discreción era celosamente guardada para proteger la honra de la dama. Martí nos decía, *"¿De mujer? Pues puede ser, que mueras de su mordida, pero no empañes tu vida, diciendo mal de mujer".* Con lo que provocaba las conjeturas. Porque todos querían saber quienes eran las que cojeaban. Y de qué pata. Y al final quedaba en tela de juicio la reputación de todas las mujeres del pueblo.

El primer requisito para iniciar la conquista es hacerse notar. Hacer que la damisela se fije en él. El cubano tiene una vastísima gama de subterfugios para lograr este cometido. Algunos han desaparecido con la época. Otros como el piropo permanecen. Piropear es un arte que halaga a la mujer. O la enfurece. El arte radica en conocer la diferencia. También tenemos al Don Juan de principios de siglo. Que se emperifollaba con su traje pistolita, sus botines o zapatos de dos tonos, su sombrero de pajilla y su bastón. En algunos casos lucía un flamante bigote de manubrio. Ya compuesto, se paraba en la esquina. Mientras lo observaban por las persianas. Algunas veces le enviaba flores a la dama. Era la época de mis padres y mis abuelos.

En mi época cuando pasábamos frente a algunas persianas nos silbaban. La puerta tenía un ganchito. Y si te acercabas demasiado abrían y prácticamente te succionaban de la acera. El romance terminaba veinte minutos después. Y el galán salía cuarenta centavos más pobre. Y se iba a comer ostiones. O un guarapo.

La evolución de la seducción ha marcado el progreso de la humanidad. El hombre primitivo no se andaba con rodeos. Agarraba a la doña y se la llevaba. Algo atávico queda en el alma de la mujer que tanto se identifica con Diana Mayo y su rapto por el árabe. ¡Qué diferencia con el galán tímido que le mandaba recaditos a la doña con sus amigas! El troglodita era un extremo. Que lo mismo le daba Juana que su hermana. La mujer era un bien común. Nadie sabía quien era el papá de quién. Igual que hoy. Que lo sabemos porque nos lo dicen. Y las creemos. El descubrimiento del DNA está revolucionando la tragedia del hijo de nadie. Y los genes interpolados en el árbol genealógico.

El arte de la seducción es tan variado como la ingenuidad del galán. En las fiestas o reuniones campesinas en Cuba había que andar con cuidado. Porque a cualquiera le daban un frijolazo. O una pedrada. Porque los guajiros solían llamar la atención de la damisela tirándole frijoles o piedrecitas. Nunca tan grandes como el boniato de Alcides. Un guajiro amigo a quien la madre le pidió que le tirara un boniatico a un guanajo que ella había criado. Y el se lo tiró. Pero se olvidó de partirlo en pedacitos. Y le dio un boniatazo en la cabeza. Que lo mató redondo. Ella lloraba. Y él explicaba que había sido mala suerte…con su puntería.

Entre los vende listas los había motorizados en automóvil y en motocicleta; de a caballo, en bicicleta y hasta en patines. Algunos eran realmente ridículos. Otros lo eran aún más. Mientras más viejo el galán más grande el papelazo que hacía. Y lo peor es que todos lo percibían. Menos él. Y es que un viejo enamorado es un incapacitado mental. Conocí un español que le estaba vendiendo lista a una farmacéutica. En motocicleta. Igualito al Fantasma. Con la cabeza forrada con esa cosa de cuero de los pilotos. Y los espejuelos: parecidos a los de los buzos. Atavío de rigor que completaban las polainas y los pantalones de montar. La farmacia quedaba en una esquina. Se impulsó con verdadera intrepidez. Cogió la curva de la farmacia tocando el fotuto. Y patinó. Cuando lo levantaron tenía el fotuto en la mano. El gorro de aviador con anteojos lo tenía enganchado en una rodilla. La motocicleta, o lo que quedaba, apareció casi media cuadra más adelante. La muchacha de la farmacia no estaba trabajando ese día. Y no pudo ver la hazaña.

Tampoco vio más al gallego. Que rifó la moto.

En los primeros años del automovilismo, el chófer se vestía parecido a Jorge el Piloto. Botas, pantalones de montar—sin caballo—bufanda, guantes, anteojos, y un Ford de tres patadas. Pasaba por el frente de la casa de la muchacha. Aceleraba hasta veinte kilómetros por hora para que ella viera lo arriesgado y valiente que era. Y la dejaba envuelta en una nube de polvo. Los que no tenían para más se la arreglaban con un par de patines, una bicicleta o con lo que pudieran. A los 15 años atravesaba yo la ciudad de Camagüey con una bicicleta, pasaba por el frente de la casa. Nervioso. Expectante. No veía a nadie. Ni nadie me miraba a mí. Y me iba. Y al día siguiente hacía lo mismo. Y para lo único que servía el pase de lista era para hacer ejercicio. Porque sospecho que nunca se enteró que había un idiota rondándola en bicicleta. ¡Qué tiempos! Era la época en que cuando se sentía el ruido de un avión, salía el vecindario entero a verlo pasar. La gente señalaba hacia un avioncito de lona piloteado por un piloto con tendencias suicidas. Y gritaban apuntándole. Pero aun así había algunos que lo buscaban por el suelo. Porque nunca habían oído hablar de nada que volara y no fuera un pájaro.

Ya hace tiempo que está en desuso el vender lista. Y las piedrecitas. Y los frijolitos. Y los recaditos. No hace falta nada de eso. Porque, sin más preámbulo: la damisela le faja a uno. Y hasta lo viola. Y el hombre la acusa. Y gana el pleito. Y esto último sí que me intriga a mí. Porque me pregunto cómo es posible la violación de un hombre sin su colaboración.

La grandeza del Tenorio de Zorrilla consiste en que, descartando un sin número de motivaciones posibles, supo señalar la que es el común denominador al carácter del seductor español, aplicable por igual al cubano: el alarde. El cubano alardea como el que más y es difícil saber hasta qué punto se ajusta a la realidad del hecho o fantasea. Y si quieres una versión bien detallada, finge que no le crees. Y no te quejes pero vas tener que amordazarlo para que se calle. Porque entre otras cosas la profusión de detalles que te va a dar puede despertar la lujuria en un muerto. Como las mujeres esas que llaman por teléfono para acelerar cerebros calenturientos, provocando probablemente asaltos sexuales. Y tú la única que tienes a mano es, tal vez, la cocinera. Que ya bordea los setenta. Y lo único que todavía hace bien son los huevos fritos.

Hoy los Don Juanes están en retirada y lucen hasta ridículos. Porque la conquista era un preámbulo, una expectación excitante, un arte. Hoy no hay preámbulos. Es como leerse el libro sin leer la introducción. Vas de un tirón al texto. Y no sabes ni quién es el autor. Piensen si no en qué se le podría ocurrir al famoso Casanova que pudiera decir o hacer para excitar la imaginación de una mujer. Sencillamente el repertorio del Don Juan pasó de moda. Porque no le queda nada nuevo que ella no haya aprendido en el kindergarten. Ni siquiera el recurso de trepar por los balcones. A menos que se arriesgue a que lo confundan con un hombre araña.

La liberación de la mujer, por otra parte, ha privado al Don Juan de la satisfacción de contar el cuento. Pues nada es secreto ya. Y lo que hace Zutana lo hacen igualito las demás. Y los cuentos de seducidas y seductores ya no interesan a nadie. Ahora si quieres impresionar a alguien siéntate en una consulta médica. Adonde el tema que se discute son los males que padecemos. Y pudieras tal vez darte gusto propugnando la abstinencia sexual describiendo las enfermedades venéreas y otras molestias que te pegaron algunas de las doncellas que sedujiste. Que es la parte inédita de tus historias de amor. Y es además una forma de aconsejar medidas profilácticas mientras dejas entrever la clase de Tenorio que todavía eres. El único inconveniente es que a la audiencia le importa un pito. Porque están como los peloteros en el banco. Que no juegan. Y lo que están es impacientes por hablar de sus padecimientos.

(20)

~Las Casas de Huéspedes~

Dos instituciones fueron piedra angular en la formación del profesional cubano. La orgullosa Universidad de La Habana y la humilde Casa de Huéspedes. La primera nos impartió capacitación académica. La segunda nos dio a los estudiantes del interior de la Isla la experiencia de la convivencia. Moderó nuestras infatuaciones enseñándonos a convivir con el mundo, lejos del velo protector de la familia y nos enseñó el arte de aceptar los defectos y a aprender de las virtudes de los demás. Y no menos importante: nos enseñó a aceptar nuestras circunstancias. De las que nos decía Ortega y Gasset que *"el hombre es él y sus circunstancias"*. Adagio que nos ha venido de perillas para echarle a las circunstancias, igual que al totí, la culpa de todas nuestras meteduras de pata. Y decimos que nos pusimos fatales. Sin detenernos a meditar si el hombre hace sus circunstancias o si las circunstancias lo hacen a él. De todas maneras, es viviendo las circunstancias de nuestras vidas que formamos nuestras experiencias. Que adquirimos a la dura. Porque ni la cultura ni la educación nos la da. Y solamente aprendemos de nuestras propias experiencias, ya que lo que es consejos, no oímos. Porque hemos comprobado que llegamos a viejos sin hacerles caso. Ni tampoco escarmentamos con las experiencias de otros. Ni con las de Salomón. De quien, a pesar de ser tan sabio, más que sus enseñanzas recordamos el Templo y el Muro de los Lamentos. Que sirven para que los creyentes oren, se lamenten y se contagien sus enfermedades besuqueándolo. De lo cual se alegran los palestinos pues mientras se entretienen en eso no andan cazándolos a ellos.

La mejor opción de vivienda para el estudiante que venía del interior era la casa de huéspedes. Las otras posibles opciones eran: un apartamento compartido con otros bandidos o la casa de un familiar. Los apartamentos eran costosos porque había que cubrir los gastos todo el año. Y si se iba uno los demás tenían que cubrir el déficit. En cuanto a la casa de un familiar... bueno, mejor te metías debajo de un puente. Porque al mes ya no resistías a la tía. Ni ella a ti. De modo que la mejor opción era la Casa de Huéspedes. Mímicas del hogar, que acogían como una gran familia, a un circunstancial conglomerado de personalidades, compuesto por heterogéneos grupos de cubanos extraños entre si. A veces pintorescos, e interesantes siempre. Conviviendo bajo un mismo techo. Un "melting pot" en el que sabías la vida y milagros de todos. Se metían en lo que no les importaba. Y tú también. Hacías lo que no debías. Comías también lo que no debías. Y la pasabas lo mejor que podías. Aunque un sargento de la Legión Extranjera, por duro que fuera, era un niño de teta comparado con la matrona average de una casa de huéspedes. Pero lo que sí era innegable es que eran fuente de experiencias que en diversas formas dejaron una marca en nuestras vidas.

Nunca he visto un arroz con mango. Pero se me ocurre que la casa de huéspedes debe de ser lo que más se le parece. Por la mezcla de sus ingredientes. El huésped average de una casa de huéspedes era una persona mayor de 50 años, viudo o divorciado, retirado, conversador, de escasos recursos y de una familia prominente de un pueblecito del interior. Que nadie sabía adonde quedaba. Todos los demás huéspedes eran siempre de familias importantes. Los antepasados de algunos vinieron con Colón. Pero no en el primer viaje. Pues no conocí a nadie que descendiera de ellos. Debe ser porque nadie quiere descender de criminales. También he oído comentar que los indios motilones los convirtieron en eunucos. Pero no hay que hacer caso de cuentos. También he oído hablar mal de los hermanos

Pinzón, del mismo Colón y hasta de la Reina de Castilla, y eran sin información.

Y es que preguntar demasiado invita al embuste. Como sucedía con las operaciones quirúrgicas de las mujeres. Que parece que todas padecían de lo mismo. Pues la operación siempre era del interior. Y no debías insistir en preguntar. Porque el tema era tabú. Cosas de la época. En la que también era tabú ganar un juego de cruci-cross colocando la **K** y la **X** si con ello formabas la palabra **Kotex**. Bueno, lo hice y gané la mano; pero provoqué la indignación fingida de las muchachas presentes. Las mismas que unos añitos después reirían con Álvarez Guedes en Miami. Eran los tiempos en que la Liga de la Decencia en Cuba censuraba las películas en forma tal que lo único que les faltó fue hacer que Cantinflas se subiera los pantalones. Y ponían las películas en una lista negra. Que le servía al público para abarrotar el cine. Y las damas de Miami protestaban por el anuncio de Coppertone. En el que un perrito le bajaba a tirones los pantaloncitos a una niñita.

Los dueños de la Casa solían ser un matrimonio sesentón. El marido un haragán. La señora un guardia civil con faldas. O una viuda con unas espuelas que no había gallo que se le opusiera. El servicio doméstico y de cocina lo prestaban siempre los de la tercera dimensión. Que eran muy serviciales y atentos. Y nos divertían con sus ocurrencias. Como uno que se indignaba cuando la dueña lo llamaba hombre. *"Ella sabe muy bien que yo soy bien femenina y que mi nombre es Libertad",* decía. Y tarareaba "Caminito" todo el tiempo. Lo visitaba otro que también tarareaba tangos. Y le llamábamos Gardel. Y se sentía halagado. Si Carlos Gardel nos hubiera oído nos mata. El ambiente lo completaba el estudiante universitario del interior. Los guajiros. Porque para los habaneros todo aquel que viviese un poco apartado del Capitolio era un guajiro. Que le ponía la tapa al pomo. ¡Y que tapa! Porque el guajirito era totalmente imprevisible.

Nunca faltaba el estudiante eterno. Que no se graduaba nunca. Y del que Jardiel Poncela decía que le había dado calor de sobaco a todos los genios de la humanidad. Un ejemplo típico que conocí era Enrique, un verdadero arroz blanco en todas las fiestas de la alta sociedad de la Habana. Y le gustaba que los plebeyos lo supiéramos. Lo que aprovechaba un estudiante plebeyo de las Villas llamado Iván, para hacerle la vida imposible, pues lo esperaba en el comedor armado de la crónica social del Diario de la Marina (que no hay que confundir con la Casa Marina y con más asiduos que el Diario de la Marina) que leía Iván el Terrible; a todo pulmón, dando el nombre y títulos de los asistentes. Y al final improvisaba cosas como ésta: *"También, colado como siempre, se encontraba en la recepción Enriquito, Barón de Guanabo, que sacó a bailar a la duquesa y ésta lo botó de su casa".* Pues la nobleza guanabera no estaba acreditada en la Habana. Ya para ese momento estaba Enrique haciendo sus maletas. Que los demás le vaciábamos a medida que las llenaba. A Enrique le sobraba nobleza, pero de alma.

Hay una obra española llamada "La Casa de la Troya" cuyo tema se desarrolla en una casa de huéspedes. Considerada un clásico en el tema, no podría sin embargo compararse a una obra basada en el ambiente de una casa de huéspedes de La Habana de los años cincuenta. A la que habría que llamar necesariamente "La Casa de la Tralla". Por la imprevisible variedad de situaciones que originaban los estudiantes universitarios dueños de la ociosidad, madre de todos los vicios. Algo que sin justificar explica la conducta estudiantil. Fuente de anécdotas inolvidables. Como las de la casa de muchachas de Josefina en 19 y L en el Vedado. Que parecía un internado. Con reglas de conventos. Que las más avispadas burlaban para darse una escapadita. Una noche ayudamos a escapar a una simpática amiga dando una serenata mientras sus compañeras nos bajaban sus maletas con una soga. De paso, olvidó con la fuga pagarle a Josefina los tres meses atrasados de hospedaje que le debía. Como todos los sinvergüenzas la niña era un encanto. Simpatiquísima.

En algunos casos las bromas lindaban con el delito y situaciones riesgosas. Como la que confrontamos una tarde en los días del 10 de marzo del '52. Se produjo un fuerte disturbio estudiantil en la colina universitaria, distante dos cuadras de nuestra casa en 25 y L y a una cuadra de la intersección de L y 23, bloqueada por numerosas fuerzas policíacas que disparaban hacia la Colina. Desde nuestro cuarto en la azotea, acompañados de varios estudiantes, observábamos los acontecimientos. De pronto un chistoso entre nosotros agarró una escoba y gritando "¡Basta ya! ¡Al ataque mis valientes!"... salió a la azotea y asomó el palo por los balaustres apuntando hacia la policía, que a una cuadra de distancia, lo tomó por un rifle. Segundos después una granizada de balas hizo blanco en nuestro cuarto. Escapamos con vida de milagro. La policía invadió la casa y hubo una investigación. El de la escoba nunca más se atrevió a visitarnos. Lo estábamos esperando.

Las casas de huéspedes mixtas, en las que se admitía una pluralidad de huéspedes, eran las más divertidas. En ellas se codeaban la señora de cuna rica, que añoraba el agua francesa de Vichy que se bebía en su casa, con el estudiante de medicina que la llamó cuando pasaba frente a un baño y mientras le decía que el también bebía agua francesa, pero de Bidet, abrió la llave del bidet y se tomó un sorbo.

Nos reíamos de todo. Hasta de situaciones dramáticas que nos parecían cómicas. Y es que la irresponsabilidad era parte de esa etapa de nuestra vida. Recuerdo un amigo camagüeyano que quería mucho a su novia en Camagüey; pero en La Habana enamoraba hasta a una escoba con faldas. La novia se enteraba y le reclamaba. Él le decía que eran infamias. Hasta que una noche, acompañada de su mamá, se bajó la novia de un automóvil y le salió al paso en una calle oscura. Él caminaba abrazado a la otra. Y la novia lo increpó preguntándole que si esas eran las infamias. Regresó él al cuarto que compartíamos. Contó su caso y decidió ir a verla al hotel. Nos quedamos jugando cubilete para esperarlo. Muy tarde, de madrugada, regresó. No nos decía nada. Al fin, ante nuestra insistencia nos dijo, *¡Me ha dado una galleta!* (No llegó ni a abrir la boca. Ella abrió la puerta, le sonó la galleta y le tiró la puerta en la cara). Más tarde la conquistó de nuevo. Nunca se casaron. Él murió poco después en un accidente. Persiguiendo una aventura. No podía evitarlo.

Las horas de almuerzo y comida con la presencia de muchos huéspedes, proporcionaban momentos muy divertidos con los chismes, debates sobre la pelota y mil ocurrencias inesperadas como la ocurrida con el croquinol de Elena, la dueña de la casa. Se había hecho ella un croquinol esa mañana. Que era el tema de todos durante el almuerzo. Sentada muy oronda y sonriente escuchaba halagada los elogios. ¡Y ocurre lo imprevisto! Jorge, uno de los estudiantes, va al refrigerador—situado a espaldas de Elena—a buscar su botella de leche. Una de aquellas que tenía una tapita de cartón con un arito de alambre. Y atento a los comentarios del croquinol, se le ocurre invertir la botella arriba de la cabeza de ella mientras hace murumacas sacudiéndola. Todos ríen. Menos Elena. Que ignora de qué se trata. Pero no tardará en saberlo. Porque a la botella se le suelta la tapa. Y un chorro de leche fría viene a darle el terminado a su croquinol. Hubo que quitárselo. Hubo que quitárselo porque si no, lo mata. Me refiero a Jorge. Elena le había agarrado la cabeza y la golpeaba contra el refrigerador. La sarta de golpes que recibió fue tema obligado de conversación por mucho tiempo.

Había casos patéticos. Sucedió también en casa de Elena. Entre los huéspedes se destacaban dos por diferentes razones. Por simpatía, una muchacha de unos treinta años. Divorciada. Que despertaba la simpatía de todos porque se lamentaba que ya nunca podría casarse de nuevo por la Iglesia. Vivía muy retirada y sus salidas eran su misa diaria y otras muy esporádicas. Y por antipático se destacaba un antiguo amigo de la niñez, ahora estudiante de medicina, que se había hecho policía para practicar en el hospital del Cuerpo. Pero cambió su personalidad y estaba siempre en pose de autoridad. Le pusimos Dick Tracy. Como el de los muñequitos. Porque quería investigarlo todo. Y todo era ilegal. Por lo tanto no se enteró de la protesta que se iba a llevar acabo reclamando mejor comida. Todos los estudiantes y otros huéspedes harían estallar en sus habitaciones una cadena de petardos a intervalos acordados, comenzando a la una de la mañana. Aquello fue una reproducción de la batalla del Álamo. La policía invadió la casa. Y sacó a la sala a todos los huéspedes. Sólo la muchacha divorciada se negaba a abrir la puerta de su cuarto. Gritaba que tenía miedo. Forzada la puerta la sacaron al pasillo. Y de debajo de la cama de ella sacaron a Dick Tracy.

Elena era un caso único. Porque no sólo jugaba. También bebía. Y no se andaba con pulcritudes. Se bebía las sobras de cerveza que un capitán médico de Las Villas ponía en un banquito afuera del cuarto. Ella las recogía al amanecer y el vaso llegaba sequito a la cocina. A la que bajaba por una escalera de caracol al fondo de la segunda planta. Y como de la tentación al crimen no hay más que un paso, un estudiante delincuente sustituyó la cerveza con un líquido natural del mismo color salido de sus riñones. Los gritos de Elena al beberse aquello quedaron por siempre grabados hasta en las paredes de la casa. No quedó progenitora sin recordar. No sin antes propinarle una paliza a Paquito, el capitán médico, que nada sabía del asunto y dormía placidamente, desnudo en su cama. Partió después como una loca, hacia la escalera de caracol para bajar a la cocina, sin notar en la semi oscuridad del amanecer que, extendidas en sus escalones, había colocado el bandido unas colchonetas. Y enredada en ellas, bajó Elena, dando vueltas como bola por tronera hasta la primera planta en un santiamén.

La comida en las casas de huéspedes no pasaría el escrutinio de calidad y medidas sanitarias exigido para perros. Las críticas que se hacía al menú en el comedor eran ingeniosas. Como llamar "sobreviviente" al menú de la noche porque era de sobras del almuerzo. Así si en el almuerzo nos servían un bistecito raquítico, una sopa de garbanzos y arroz blanco, podía apostar que por la noche tendríamos picadillo, garbanzos con col y arroz. Y de postre arroz con leche. Y al día siguiente te servían albóndigas. Con algunos granitos de arroz. Y una pulpeta de garbanzos media dulzona con arroz. De las papas rellenas decíamos que estaban rellenas con papa.

Es mi modesta opinión que nunca se ha dado a la casa de huésped habanera el reconocimiento que merece por su aportación a la formación de la intelectualidad cubana. Porque cabe preguntarse cuántos profesionales del "interior" pudieron obtener un título universitario gracias al hospedaje barato de esas casas. Nos quejábamos de las comidas porque eran pésimas, pero precisamente porque eran pésimas es que podíamos pagar una modesta mensualidad de cuarenta pesos.

Los que vivimos en casas de huéspedes jamás podremos olvidar las experiencias vividas en ellas. En las que, junto a la educación universitaria, aprendimos a practicar la solidaridad humana. Era un mundo extraño que parecía estar esperándonos para llevarnos de la mano a la formalidad de la madurez. En la transición de la pubertad a la edad adulta, lejos de los mimos y malacrianzas hogareñas, la casa de huéspedes nos proporcionó la experiencia para salir de la niñez y convertirnos en hombres y mujeres. Y, gracias a ellas tuvimos los guajiritos del interior la oportunidad de conocer íntimamente e integrarnos a los cubanos de toda Cuba.

(21)

~*Foros y Peñas* ~

Dos de los atributos de la personalidad del cubano son su afán de superación y su capacidad de adaptación. Estos, unidos a su innata curiosidad, lo han alertado del insospechado uso que puede hacerse de foros y peñas para estrechar la comunicación entre los cubanos y fomentar a la vez su exuberante capacidad oratoria. Vistiendo un poco y dándole un carácter de intelectualidad a lo mismo que gritamos en la carnicería discutiendo algún tema de actualidad con otro estadista desconocido que está comprando media libra de boliche.

Hasta hace relativamente poco tiempo si le hubieras mencionado la palabra peña a un cubano, juégatela al canelo que hubiera pensado que estabas hablando de un peñasco. O como le pasó a uno a quien su vecino americano, en su chapurreado español, invitó a participar en un "foro", invitación que rechazó indignado porque pensó que el americano estaba invitándolo a estafar a alguien con un "forro". Y le contestó que se había equivocado. Porque él era un hombre pobre, pero honrado. Cuando le explicaron que su vecino no había querido decir "forro" sino FORO, o plaza pública adonde los romanos se reunían para discutirlo todo, no comprendió. Porque para él eso era lo mismo que hacía él en el Baturro, el Chorrito, el Centro Alemán o en cualquier otro café o esquina de nuestro pueblo: discutirlo todo. Y si eso es así, entonces Cuba toda era tremendo foro. Y nunca hizo falta ningún romano para saber cómo negociar desde un añojo hasta una casa. Y todo el mundo sabe de la profundidad y visión conque analizábamos la política nacional e internacional. En realidad, para los cubanos no había tema vedado por el desconocimiento. Porque conocíamos de todo. Lo único que la mayoría no pudo prever, incluyendo a la cartomántica espiritual, madame Grenaudier, al Profesor Carbell y a Clavelito, fue el medio siglo que tendríamos que empujarnos a Fidel. ¡Tremenda metedura de pata! Porque Fidel acabó con todos los debates. Y ahora el único que "debate" en Cuba es él. Con él mismo. Y apuesto que ni los romanos tuvieron jamás un foro de una sola persona.

Hay foros para todos los gustos. En Cuba el foro básico era el foro libre e improvisado que formaba la opinión pública. Sin ninguna clase de control o regulación. Los debates comenzaban en cualquier café o lugar público. Y en algunas ocasiones terminaban en la cárcel. Moderados por la policía. Los integraban cualquiera que le diera la gana de meterse en la discusión. Y existía la ventaja que si el tema no le interesaba, tenía dos opciones: aguantar, con el consuelo de un pastelito o una empanadilla hasta poder introducir a gritos su tema, o irse con su música a otra parte. Pero no había tema sin opositor. Y en el acto surgían varios. Solamente conozco un caso en que nadie perdió ni un segundo en debatir un tema sorpresivamente presentado. Sucedió en el cotidiano foro de rumores subversivos de la hora del almuerzo en El Jerezano, un conocido café camagüeyano. Chimenea, un popular borracho, tuvo la peregrina idea de gritar, ***"Virgen de la Caridad, yo te pido de rodillas, que traigas a Tabernilla, a Ventura y a Carratalá".*** Todos ellos connotados personajes de la derrocada dictadura anterior. Fue la sesión más corta que haya tenido jamás un foro. Se produjo tal estampida por salir del cafetín que dicen que recordaba las calles de Pamplona en las Fiestas de San Fermín.

En los Estados Unidos está teniendo mucha aceptación el Foro Electrónico. Que está regulado y reglamentado para un propósito determinado. Y supervisado por moderadores. Que procuran que los debates se conduzcan en forma correcta y civilizada que permita el intercambio de ideas en un ambiente de respeto y moderación. En el que podamos dar a conocer nuestras dotes naturales de estadistas e intelectuales. Y a la vez aprovechamos la oportunidad de descargar la metralla patriótica anti fidelista que todos llevamos en la mochila.

También podemos debatir anónimamente. Con un pseudónimo, para que no se sepa quiénes somos. Como El Zorro. Lo cual es un contrasentido. A menos que nos estemos escondiendo de los cobradores. Porque, el hablar como Popeye y actuar tímidamente, como Cuquita la Mecanógrafa, o, taimadamente, como el Hombre Siniestro, no viene bien con la imagen de corajudos y dignos patriotas que queremos proyectar. Ni con el sitial al que aspiramos en la historia de Cuba. Y además, porque salvo válida justificación, el anonimato es refugio de la impunidad e incubador de crímenes. Esta situación tiene la ventaja de poder decirle a Chicho hasta alma mía sin que Chicho pueda darnos un sopapo. Porque Chicho está en Oklahoma. Y nosotros en Calatayud. Y si viene a Calatayud, que no pregunte por mí. Que pregunte por la Dolores.

En el Foro romano el tema debatido era a continuación discutido por los presentes. Si nadie entraba a discutir el asunto presentado, se había producido un consenso unánime. Y se pasaba a otro asunto. En el foro cubano jamás se dio ese caso. Todo el mundo y su abuela opinaba. Incluyendo el que pasaba por al lado y oía algo que le interesaba y se metía. Porque la discreción no es nuestro fuerte. Y nadie se queda callado.

El famoso orador griego Demóstenes se ponía a declamar discursos frente al mar. Para curarse la gaguera. Y los peces siempre lo escucharon sin interrumpir. Si hubiera disparado uno de esos discursos en el café El Baturro, hubiera sabido Demo lo que era disentir o discrepar. Y se hubiera puesto más gago. Porque en lugar de peces lo hubiera hecho ante cubanos. Y ese es otro cantar. Porque el alma del foro es la discrepancia. El medio, el debate. El fin, el exponer y convencer. De ahí que el único en el foro que está de acuerdo y complacido con el trabajo presentado, es el autor. Que se siente como un estadista cuando se mira al espejo y piensa en el impacto que sus palabras van a tener en la problemática cubana. Y la verdad es que el único impactado es él. Cuando al revolver el aparentemente manso panal de abejas resulta que eran de las africanas. Y se lo comen vivo. Pues se la pasan pensando en como encontrar un huequito por donde discrepar e intervenir para demostrarle al mundo lo sagaces que son.

Otra plataforma o medio de comunicación idóneo para el intercambio de cuentos y hasta de ideas son las Peñas, que no deben confundirse con los foros, que suelen ser más formales. Por lo general, a menos que surja un organizador nato, las Peñas se forman casi siempre de modo casual. Como la del Parque del Dominó, que se originó con la costumbre de tres patriotas desocupados que solían sentarse bajo unos árboles allí y estaban ya cansados de oírse los mismos cuentos hasta el infinito. Concluyendo que había que buscar otra forma de entretenimiento para pasar el rato. Y decidieron que tenían que reclutar a alguien que fuera contemporáneo con ellos. Supiera jugar dominó. Y les contara cuentos nuevos. Aunque fueran exagerados o inventados. Se pusieron a observar los transeúntes y agarraron un viejo que pasaba. Parecía muy serio. Eso era un buen síntoma. Para calificarlo le pidieron que contara qué sabia él del asalto al Palacio Presidencial cuando Batista. El viejo con un aplomo tremendo les dijo, *"¿Qué si sé? Yo fui quien lo dirigió, pero lo contaré otro día; porque el recuerdo me ha emocionado mucho ahora".* Se sabía las mejores historias de la Guerra de Independencia. Y la Primera y la Segunda Guerra mundiales. Y por supuesto, la Tercera Guerra mundial que predijo Nostradamus. Y de paso, no había quien le ahorcara el doble nueve. Porque lo escondía. ¡Magnífico candidato! Todos lo querían de compañero para jugar. Así empezó el Parque del Dominó. Patrimonio Histórico de la Comunidad y Peña de los viejos más imaginativos de Miami.

Con los foros y peñas está pasando como con las computadoras. Que si no sabes andar con ellas quedas clasificado en la categoría de bruto. Eres un tipo obsoleto. En una palabra: te has quedado atrás. Te presentan a alguien y el mismo tipo que solía preguntarte si tú no eras el nieto de Cachita, ahora le importa un pito quién era tu abuela; pero saca un papelito cualquiera y te dice que le des tu dirección. Tú comienzas a decirle adonde vives; pero te para. No, no, dame tu dirección electrónica. Se supone que tienes que tener una. Y un fax. De otra manera estas out por regla. Y si la tienes y se la das, al otro día te envía un e-mail con un cuento puerco. Y para eso es que quiere su computadora. Pero es un problema de status. Y con los foros y las peñas pasa ya casi lo mismo.

Tanto los foros como las peñas pueden formarse para toda clase de finalidades o actividades. Pero lo fundamental, o sea el ambiente, es el mismo que distingue a cualquier grupo de cubanos, ya sea que estén reunidos para una ocasión formal o para comerse un lechón asado sin ninguna formalidad: el alboroto de una valla de gallos. No obstante, si no perteneces a ninguno, no pierdas tiempo. No tienes que saber de nada. Deja que hablen los que saben. Y los felicitas. Ellos a su vez te felicitan a ti. Y te sorprendes. Parece un cumpleaños. Y piensas que es que te habías olvidado. No, lo que pasa es que en ellos abundan también la gentileza y los buenos deseos.

Las Peñas suelen tener lugar en reuniones celebradas al efecto y sus asistentes habituales podríamos encontrarlos entre los siguientes prototipos clásicos:
a) Los que saben lo que hablan; **b)** los que no saben lo que hablan; **c)** los que escuchan a los demás; **d)** los que sólo se escuchan a sí mismos; **e)** los que oyen; **f)** los que no oyen ni dejan oír; **g)** los que comprenden lo que oyen; **h)** los que no comprenden nada, **i)** los eruditos; **j)** los que se creen que lo son; **k)** los alertas; **l)** los que se duermen; **m)** los que no paran de hablar; **n)** los callados; **o)** los que sólo tienen un tema y lo repiten siempre; **p)** los que no tienen ninguno y es mejor que no

lo tengan; **q)** los cuentacuentos; **r)** los que se los echan a perder; **s)** los organizadores de todo; **t)** los aguafiestas; **u)** los puntos fijos; **v)** los que nunca asisten; **w)** los que siempre discrepan; **x)** los que siempre encuentran magnífica la disertación aunque haya sido una perfecta burrada; **y)** los sordos; **z)** los que los envidian.

Nuestra conclusión es que aunque a veces tanto las Peñas como los Foros no satisfagan nuestras expectaciones, debemos, a pesar de ello, recordar las enseñanzas de Martí, y decirnos que *"nuestro vino es agrio pero es nuestro vino"*. Y que el que quiera ceremonias que vaya a la iglesia. Porque si la gritería es por Cuba, pues seguiremos gritando en el Foro, en la Peña y en casa de la madre de los Tomates. Porque no podemos evitarlo. Aunque en general ningún debate político del exilio haya conducido hasta ahora a ningún resultado práctico. Y admitamos que un patriota cubano es como un volador de a peso esperando por la chispa que lo encienda. Que es la inspiración. Y un cubano enfrascado en un debate patriótico está inspirado. Y poseído de un paroxismo tal que se olvida de toda lógica. Y no hay regla ni tradición que lo calle. Y convierte el debate en un verdadero dale al que no te dio. Convencido de que está exponiendo verdades nunca antes dichas. Aunque se trate de los mismos temas que hemos venido escuchando desde hace más de cuarenta años en todas partes. Que abarcan desde la traición de Playa Girón hasta el cáncer de Fidel. Añadiendo el más reciente de la estrategia para ganar la guerra de Irak. **Todo en español**. Que es igual que Pepito convenciendo a Liborio de que Fidel es malo. Y mientras tanto los americanos siguen pensando que Cuba queda al lado de Turquía y que Guantánamo está en los Everglades.

Pero aunque muy bien podemos cantar como Pedro Infante aquello de "*Yo soy quien soy y no me parezco a nadie...",* debemos, a pesar de todo, aspirar a que la moderación, la ecuanimidad y el respeto que era la esencia del foro romano lleguen a ser también la norma en nuestros foros y peñas.

(22)

~*El Barbero Cubano* ~

No es médico, pero tiene aprobados cursos de anatomía. No es político, pero está al tanto de todos los acontecimientos públicos. No es políglota, pero se entiende con todo el mundo. No es consultante en nada pero se le pide consejo en todo. No es vendedor, pero sabe quien compra y quien vende. No es sacerdote, pero hasta los extraños le confían sus secretos. No compite en las Olimpiadas, pero rompe todos los records de permanencia de pie del mundo. No es sastre, pero hace cortes con la tijera. Sin ser curioso ni chismoso, sabe de memoria todo lo que tienes en la cabeza. Con sólo mirar tus orejas sabe si sabes bañarte. Y con un pase de cuchilla por tu cuello sabe la frecuencia conque te bañas. No es un perro sabueso, pero puede detectar por el olor si se le ha sentado un cochino en su sillón: tu barbero cubano.

¿Pero es que ha existido jamás tan polifacético personaje? Pues existe y ha existido desde que el hombre descubrió que se parecía demasiado al mono y decidió que necesitaba la ayuda de otro peludo para cortarse él mismo. Así surgió el primer barbero. Y siguiendo el curso natural de los cambios con las épocas llegamos a la del desgraciado que sentándome en un cajón colocado en un sillón de su barbería me pelaba a la malanguita. Que era al "coco" con un moñito por cerquillo. Y lo peor del caso es que acto seguido me llevaba mi padre al Casino Campestre donde un fotógrafo ambulante, provisto de un cajón negro en un trípode, y cubiertos el cajón y la cabeza con un trapo negro, me sacaba una foto con mi malanguita. Por mucho tiempo acepté lo que me hacía el barbero confabulado con mi padre. Hasta que me rebelé y se acabó la malanguita. (¿Quién nos iba a decir que un día tendríamos que rebelarnos contra la tremenda malanga que es la Revolución de Fidel?). En lo adelante me raspaban todo. Pero quedaron las fotos por ahí. Las fotos son testimonios de épocas pasadas, que sólo sirven para dejar constancia de lo ridículo que lucíamos con la indumentaria de moda. Y pensar que alguna vez me sentí elegante y orgulloso con aquella corbata roja con un clavel blanco que todos me celebraban.

La barbería cubana es una especie de réplica o parodia del foro romano y de los otros foros donde los aspirantes a Cicerones disparan sus catilinarias a diestra y siniestra, agarren a quien agarren. Y siempre agarran. Porque son el sueño de un orador: una audiencia cautiva. Que no puede escaparse. Ni quiere. Por varias razones: no quiere perder su turno para pelarse; porque quiere participar también; porque al barbero lo agarra de todas maneras. Porque es probablemente la única manera de procurarse una audiencia. Porque si se va, no pela, y si no pela no cobra, y por último, porque si no hablan en la barbería, no hablan en ningún otro lado. Porque en su casa nadie les hace caso. O los mandan a callar. Y esto sucedía en Roma y sucede aquí. Si se supiera como las mujeres mangoneaban a los grandes machotes de la historia, se les arruinaría la famita de machotes a más de uno. Cuentan que la mujer de Sócrates lo maltrataba igual que le hace a Pepito Silencio la suya hoy en día. Y el filósofo optó por ignorarla. Esto la enfurecía aun más. Y cuentan que en un rapto de ira le echó un cubo de agua por la cabeza. Sin inmutarse, Sócrates se limitó a razonarle, "Lógico, absolutamente lógico. Después de tanto tronar tenía que caer el aguacero".

A la barbería acuden los peludos, los que quisieran serlo y no pueden, y los que usan un peluquín para parecerlo. Todos tienen en común la compulsión de hablar, discutir y opinar en todo y de todo: desde el tema preferido de qué debe de hacerse en Cuba cuando se produzca la plácida muerte de Castro, hasta cómo conducir la política internacional norteamericana. Ningún tema está vedado. Y para todo tienen una solución. A menos que se trate de una barbería iraquí en la que el único tema es Alá y el único pelo es el del bigotón que se gastan. Porque lo que es el de la cabeza lo tienen envuelto en un trapo que no hay quien destape. Porque se lo cambian una vez en la vida cuando van a la Meca. El barbero cubano desarrolla con el tiempo una filosófica paciencia para aguantar tantas descargas. Mientras, hace lo que le da la gana con tu pelo. Que es lo mismo que hace el jardinero con tu césped. Que corta por lo alto. Para que no dure. Y te enteras cuando te das espejo al llegar a tu casa. Además de convencerte que una cosa es el bigote de Robert Taylor y otra lo que eres tú, con el que te hace tu barbero.

La profesión de barbero ha recorrido un largo camino desde la época en que sacaban muelas y practicaban la medicina natural. Y de contra la cirugía. En los E.U. se requieren cursos de anatomía para obtener la certificación de barbero. Es una paradoja que cualquier imbécil pueda llegar a presidente de los Estados Unidos con sólo convencer a sus iguales y no puede hacerle un "económico" (pelado de apéame uno) a alguien si no aprueba los cursos de anatomía que se requieren. No sé para qué. Porque pelados raros hay, pero que yo sepa ninguno ha necesitado una trepanación del cráneo. Aunque sería interesante saber si es verdad eso del aserrín. O si es verdad lo del seso hueco. Aunque a juzgar por los pelados que se hacen algunos hay que pensar que esos rumores son ciertos. Sobre todo cuando te encuentras a quien le parece fascinante la combinación del pelado con un anillo en el ombligo y un tatuaje en una nalga.

En Cuba el barbero más humilde era el del campo y los requerimientos básicos para iniciarse eran una tijera, un banco, una toalla, una navaja barbera, jabón, varias jícaras de diferentes tamaños, un portal o una mata con sombra y un voluntario que tuviera diez kilos. El estilo para los clientes viejos era un pelado bien corto, casi al rape. Y quedaba igualito que una víctima del holocausto. A los jóvenes se les colocaba una jícara en la cabeza, y lucían como los judíos con sus bonetes. El pelado quedaba parejito. Colocada la jícara en la cabeza el barbero le rasuraba hasta el más mínimo pelo que se asomara por el borde de la jícara lo que resultaba era un monje del medioevo. Con un moño igualito al del Indio del Putumayo: una media naranja con pelo. Ese arreglo cabelludo ha vuelto a la moda hoy en día. Para delicia de las jovencitas que lo encuentran arrebatador. Hace juego con una motocicleta.

La barbería cubana de hoy es un crisol mixto popular adonde se dan cita los elementos más disímiles del pueblo, para observarse unos a otros mientras esperan su turno. Antiguamente era una especie de club privado para hombres. Hoy en día no existe eso porque es ilegal. No sé a quién se le ocurrió eso de las muchachas barberas. Yo quisiera que alguien me explicara cómo puede un barbero competir con una jovencita-barbero con mirada de "yo no fui" que le propone al cliente arreglarle las manos. Todavía no ha terminado de proponerlo y ya tiene cinco dedos en abanico esperando que se los agarren. Una vez, como excepción, hubo uno que rechazó la manicaturista diciéndole que a él no lo manicuraba nadie. Que el se comía las uñas. ¿Y qué creen ustedes que le contestó ella? Bueno, tal para cual, le contestó, "bueno chico no lo hagas más, que yo te las como si quieres, aunque no tenga hambre".

Una barbería vacía, con los fígaros de pie esperando que caiga algún prospecto en la nasa, y escoja a uno semeja un prostíbulo. Con los barberos esperando, igualito que las prostitutas, que alguien los seleccione. Y lo desalentador es que cuando la barbería es bisexual, lo más probable es que el prospecto siga de largo sin mirarlos siquiera y vaya derechito, como hipnotizado, hacia la más jovencita de las barberas. Que le dice que tiene dos clientes por delante esperando por ella. Pero al viejo no le preocupa la espera. Mientras tanto mira disimuladamente. Sonriente, el viejo le consta que no está apurado, y se sienta a esperar. No hay que ser ningún psicólogo para saber lo que tiene el viejo en el cerebro. El único chance que tiene un barbero para competir por el prospecto son los clientes homosexuales. Que son neutros. Y no tiran para un lado ni para el otro. Y les da lo mismo chicha que limonada. Y van a la barbería a emperifollarse para su pareja.

Las barberías son fuente inagotable de anécdotas de todo tipo. Algunas de ellas trágicas. Como la del barbero personal del dictador Gómez de Venezuela que un día mientras afeitaba al sanguinario general tuvo la imprudente y peregrina idea de decirle, "Pensar general que en este momento tengo los destinos de mi patria en mis manos". Calló Gómez y terminada la afeitada le dijo a un ayudante señalando al barbero, "Llévatelo y mátalo". Horrorizado el infeliz barbero gritaba que él no había hecho nada malo, a lo que Gómez contestó, "No, pero lo pensaste..."

Hay casos en que los novios o esposos de las barberas sienten celos con algunos clientes. Pero lo más corriente es que lo sientan con el peluquero que le da shampoo a su mujer o lo que sea. Tengo un amigo peluquero que llegó a tener cuatro peluquerías. Él iba a todas y atendía a muchas clientas. El novio de una de ellas se puso muy celoso y le prohibió a ella que se atendiera con él; pero la joven no quería que la peinara ningún otro. Así que convinieron en que él solamente la atendería cuando el novio estuviera trabajando. Pero sucedió lo que era de esperar. Estaba mi amigo aplicándole shampoo a ella cuando vieron por la vidriera que iba a entrar el novio. Este había amenazado de muerte a la muchacha. Y hasta el día de hoy cree mi amigo que debe la vida a lo que se le ocurrió hacer. Entró el otro dirigiéndose a la mujer hecho una fiera. Se interpuso mi amigo y haciéndose el afeminado le preguntó que cómo un hombre tan buen mozo podía ser tan malgenioso y dirigiéndose a ella le pidió que le presentara a su novio, que era muy buen tipo y le dijo a éste que probara a que lo arreglase él y nunca más iba a tener otro peluquero. Que a él lo conocían como el Fígaro de las manos de seda. La sorpresa del marido fue absoluta y le hizo prometer a su novia que en lo sucesivo sólo podía atenderla Ramón. Para colmo Ramón lo acompañó hasta la puerta y le dijo bajito, "llámame Ramona". (1)

El más famoso de todos los barberos conocidos es el de Sevilla. Su nombre fue Fígaro y es el personaje de la famosa obra de teatro "El Barbero de Sevilla" del compositor Gioacchino Rossini. Ocurre con frecuencia que famosos personajes de ficción llegan a cobrar vida propia en la ingenuidad y falta de cultura de algunas personas. Al respecto corría un comentario acerca de un rico ganadero cubano que aseguraba que gracias a ciertas influyentes amistades suyas, había logrado en reciente viaje a Sevilla, que el famoso barbero le cortase el pelo. No sé si el comentario es cierto o no. Tampoco lo considero imposible. Hay lectores de muñequitos de colores que creen a ciegas que Sherlock Holmes, Tarzán y otros tantos fueron personajes reales.

Nadie como el barbero sabe de la vanidad del hombre. Que nada tiene que envidiarle a la de la mujer. Muchos barberos prefieren arreglarles el cabello a las mujeres en lugar de a los hombres. Por majaderos. Y por presumidos. Y han descubierto que la mayoría se creen bellos. Yo soy calvo, pero hasta hace relativamente un corto tiempo no lo era del todo. Quería creerme yo. Pues me quedaban creo que uno doce o quince pelos. Sobrevivientes de la malanguita. Que yo cuidaba y pretendía peinar con esmero. Hasta que, jugando de manos con una hija pequeña de nueve años me los arrancó de un tirón. Quedaron dos. Que fueron inseparables hasta que, recientemente, quedó uno solo. Pues bien, para mí todo eso fue un disgusto. Que por otra parte concedo que es una idiotez. Pero no creo que a nadie le agrade parecerse al Prof. Nimbus. Que nunca tuvo más que uno. Y así y todo, todavía soy bastante fastidioso con el barbero. Pues no sé con qué corte lucirá mejor.

---

(1) *DEBO ACLARAR QUE EL MENCIONADO PELUQUERO ES UN CONOCIDO PATRIOTA CUBANO CON UN VOLUMINOSO HISTORIAL DE ACCIONES Y QUE SU OPORTUNA PERSONIFICACIÓN DE UN AFEMINADO NO GUARDA RELACIÓN CON SU PERSONALIDADD.*

(23)

~*La Broma Cubana*~

Era una noche cualquiera de los años '30. Cuba vivía los estertores de los últimos meses de la dictadura del Presidente Machado. Había una terrible persecución de los enemigos del régimen. El ambiente no era para bromas. No obstante, una madrugada, ante el insistente sonar de la campañilla del torno de la Casa Cuna donde las monjitas encargadas de los niños recogían amorosamente los cuerpecitos de los bebés entregados anónimamente a su cuidado, acudieron éstas solícitas a recoger al nuevo bebé recién llegado. Pero esta vez en lugar de un bebé encontraron, atarugado en el torno, un hombre pequeño, velludo y regordete cuya única indumentaria era una toalla con imperdibles a manera de pañal. Llamaron las monjitas a la policía, que prontamente sacaron al supuesto "bebé" del torno, en total estado de embriaguez. Interrogado, insistía en decir que él era de la familia del Presidente Machado, a lo cual los agentes respondían con una tanda de golpes por estimar que tal aseveración era una falta de respeto hacia el señor presidente. Casi dos días después llegó la orden del palacio presidencial ordenando la libertad y traslado a Palacio del bebé de marras. Que era, en efecto un cercano familiar del presidente. Había tenido lugar una broma cubana.

Llevada a cabo por los amigos de la víctima para desquitarse de varias bromas de envergadura recibidas de él. Que, sin embargo, buscaban su compañía por el ingenio que tenía para divertirse y divertir a los demás con sus bromas. Arte que diferencia la broma de la burla. Este personaje asaltó enmascarado una fiesta y cena de la alta sociedad habanera, quitándoles las prendas a los comensales, sólo para devolverlas inmediatamente después de desenmascararse. La fiesta pasó a ser algo inolvidable. La que le hicieron a él con la Casa Cuna se la merecía.

Las anteriores son bromas mayúsculas poco usuales porque pueden terminar en tragedia. Como lo es el disfrazarse de fantasma para darle un susto a alguien. Broma que en muchas ocasiones ha tenido un fin trágico. En tiempos de la colonia era costumbre durante la celebración de los carnavales en Camagüey el disfrazarse de verraco, quien al salir a la calle era perseguido por una turba para darle caza. Así perseguido se colaba el verraco por la primera puerta que encontrara abierta, seguido por los "cazadores", convirtiendo la casa en un desastre. La costumbre terminó prohibida por el gobernador cuando el dueño de una casa invadida sacó una escopeta y cazó al verraco, dándole muerte.

El espíritu bromista del cubano es notorio. En todo cubano alienta un bromista pronto a manifestarse a la primera oportunidad. Y muchas veces nos sorprende. He conocido bromistas con una cara de tranca que hacen parecer simpáticas a las momias egipcias. ¡Cuidado! Uno de ellos me hizo una invitación telefónica para que fuera para su casa inmediatamente en la facha que estuviera, asegurándome que todos los invitados harían lo mismo. Yo había oído de tales fiestas. Muy divertidas; pero nunca me habían invitado a una. Eran siempre improvisadas y les llamaban "VEN COMO ESTÉS". Me propuse causar un impacto y ser la sensación. Iba a entrar al baño y no fui en calzoncillos por puro recato; pero fui en camiseta, calzoncillos; y una bata de baño y unas chancletas de madera de un francés compañero de cuarto. Toqué en la puerta con verdadera expectación. Me abrieron en el acto. Me esperaban. No hay dudas de que causé tremendo impacto. ¡Con un aplauso me recibieron los invitados! Todos vestidos formalmente a punto de sentarse a comer. ¡Qué momento!

El cubano puede hallar el lado humorístico en cualquier situación. E intercalar una broma sin que se lo hallen mal. Con lo cual aligera el ambiente y acerca a las personas. Somos capaces de reír en las circunstancias más increíbles. Nos reímos de nosotros mismos. Y del resto del mundo. Lo cual deja perplejos a personas de pueblos más formales. Como los alemanes. Cuyos chistes no entendemos. Y nos reímos no del chiste sino de lo insulso que lo hallamos. Porque todos nos reímos de lo que no entendemos. Y no los entendemos porque tienen un carácter más intelectual que el nuestro. Con el sentido del humor de los americanos no hay problema. Si quieres integrarte y que el americano te encuentre ocurrente, tírale un pastel con merengue por la cara. Y si no quieres que alguien te miente la madre, cerciorarte que el tipo no es un cubano.

La regla de oro de los chistes y las bromas es no hacerlos jamás con la verdad. Hacer un chiste acerca de los ñatos es una ofensa para cualquier ñato que lo oiga. Un aspecto importante de la broma es que no debe confundirse con la burla. La medida para distinguir entre la broma y la burla radica en que el embromado la disfrute o no. Y nos riamos con ella, no de él. Esto sólo lo logra el ingenio. Y la línea divisoria es casi imperceptible. Porque no es lo mismo reírnos con alguien, que reírnos de alguien. Cuando esto último ocurre es que hemos traspasado el fino hilo de la diferencia y estamos usando una aparente broma para decirle en esa forma lo que no nos atrevemos a decirle en serio.

La broma pierde su carácter con la extralimitación, que puede hacerla abusiva. Porque no es lo mismo que te den a comer de tu propio pollo, que de paso te han robado, de lo cual puedes reírte, a que te hagan creer que te han dado a comer aura tiñosa enseñándote después una cabeza de aura mientras te gritan: ¡inocente! Pues bien, esta bromita era bastante frecuente en el campo cubano. No importa que lo del aura no fuera cierto. Pero solía provocar repugnancia y nauseas a la víctima. Lo mismo hacíamos con los chivos. Algunos aseguraban que si el chivo no era robado, el chilindrón no valía la pena.

Hay bromas colectivas en que participaba el pueblo. Con tal algarabía que podía escucharse a varias cuadras de distancia. Era el Día de los Inocentes y tenía lugar en la plazoleta de la Iglesia de la Soledad adonde confluían las calles Estrada Palma, Maceo, y República y estaba la cafetería La Norma, el Edificio de la Compañía de Electricidad y el Camino de Hierro de Cabezas. La broma se hizo popular y consistía en lo siguiente. Se tendía un hilo casi invisible desde la Norma hasta la vidriera de la compañía de Electricidad y a este extremo se amarraba una billetera. La reacción era casi siempre igual: alguien la notaba, pero no la recogía. Se paraba con disimulo mirando la vidriera y observaba de reojo al público para cerciorarse de que nadie lo estaba mirando. El nerviosismo no le permitía notar que no un par de ojos, sino tal vez cientos estaban atentos al menor de sus movimientos. Al fin, después de acercársela con el pie, se agachaba para cogerla, pero desde La Norma le daban un tirón al hilo y la cartera se le iba de entre las manos. A esto seguía una abucheada estruendosa del público aglomerado y expectante en La Norma, que no era menor que la de un stadium de pelota. Las reacciones de las victimas eran indescriptibles. Había variantes como la de poner en la acera una caja de zapatos con un adoquín adentro. No demoraba nada en llegar el que le daba la patada. Y la de pegar una moneda al suelo y observar a alguien tratando de desprenderla. En ambas ocasiones participaba el público con la algarabía que provocaba el grito del de la patada y el sobresalto del de la moneda.

El que no sabe distinguir entre la broma simpática y la burla se convierte en un bofe desagradable evitado por todos. Este bromista se inicia de niño haciendo que alguien se abolle el fondillo retirándole la silla en el instante de sentarse. En eso consiste su sentido del humor. Usualmente, además de jugar bromas pesadas, cuentacuentos también. Porque tiene que hacer reír a alguien de todas maneras. Al puja gracias hay que reconocerle la perseverancia, porque no importa lo que hagas para evitarlo, no te queda otra alternativa al final, que oírle el cuento. Y no importa que le pongas cara de jefe indio. Te lo hace de todas maneras.

Producto de la ociosidad, las casas de huéspedes eran terreno fértil para toda clase de bromas, desde aflojarle la tapa a los saleros o a las azucareras hasta despertar a alguien con un petardo debajo de la cama. Las estudiantes de medicina eran frecuentemente víctimas de bromas realmente desagradables, como el encontrar en su cartera los genitales de algún muerto de la sala de disección de la Facultad de Medicina.

Teníamos un compañero de cuarto de Palma Soriano, tan tímido que no se atrevía a declararse a una muchacha de la cual estaba enamorado. Alguien tuvo la peregrina idea de darle una mano. Formamos lo que llamamos "Comité de Asistencia Amorosa" y entre varios redactamos una declaración de amor a la muchacha impersonándolo y explicando cómo enmudecía de nerviosismo cuando estaba frente a ella. Contestó ésta en el acto y ese fue el comienzo de una relación amorosa que nos las arreglamos para mantener en secreto, rogándole él a ella que no mencionara las cartas porque se ponía demasiado nervioso. Cada carta era una operación de inteligencia. Cada palabra era estudiada cuidadosamente y medida su trascendencia. Aquello terminó en matrimonio.

Una broma frecuente de la época en que los muertos se velaban en la casa, era pedir a la funeraria un servicio fúnebre completo por teléfono para alguien que estaba vivito y coleando. Imaginen la cara de los agentes cuando el supuesto muerto les abría la puerta de la calle explicando que él estaba vivo. Ya para ese momento la noticia de su fallecimiento se había propagado y comenzaban a llegar los amigos y allegados. Todos vestidos para la ocasión con traje negro. Las flores invadían la casa.

La broma forma parte de la idiosincrasia del pueblo cubano. No conoce límites ni reconoce jerarquías. Un conocido sacerdote y político liberal camagüeyano, el padre Gonfau, fue llamado a un humilde hogar campesino para administrarle los últimos sacramentos a un moribundo. Cuando llegó ya el enfermo había fallecido y el velorio, con concurrida asistencia campesina, estaba andando. Después de consolar a la viuda, se acercó el sacerdote al ataúd con el monaguillo quemando incienso. Abrió la caja—¡y se armó Troya!—profirió el cura una blasfemia y dándole patadas a la caja la volcó por el suelo. ¡El cadáver era el de un gallo!, emblema del partido liberal del padre Gonfau, al que los conservadores habían robado las elecciones. La nutrida asistencia se debía a que aquel barrio era un conocido bastión conservador, enemigos políticos del padre Gonfau, al mismo tiempo que sus feligreses y amigos. Original broma cubana.

De todas las bendiciones que dio Dios al cubano, ninguna como su sentido del humor. Un pueblo que sabe reír jamás será vencido.

(24)

~*Los Cazadotes*~

Hay cazadores para todo lo que el hombre pueda imaginar, desde una mosca a un rinoceronte, incluyendo una dote matrimonial. Todas ellas cacerías emocionantes, dependiendo del grado de idiotez o la motivación del cazador. Y su grado de temeridad. Pero ninguna tan llena de imprevistos como la cacería de dotes. Su pieza: una mujer rica. Que hay que enamorar. Aunque sea más fea que una noche oscura. Pero aporta plata al matrimonio. En Cuba conocíamos como "cazadotes" a los que perseguían este tipo de trofeo.

Hacer un "profile" del cazadote es hacer un profile de un consumado actor. Que lo mismo declara su amor a Juana que a su hermana, una tía, o a su mismísima abuela si la vieja es trotona y se le pone a tiro. El típico cazadote cubano es un vive bien en huelga permanente de brazos caídos y paso de jicotea. Que no nació "cansao" como el gitano; pero tiene aspiraciones de señorón. Y considera el trabajo incompatible con su personalidad y aspiraciones. Y piensa que el dinero mejor habido es el que se gana atrapando a una dama que lo tenga. Y no anda creyendo en aquello de *"no te cases por dinero que a rédito lo consigues más barato",* como decía el viejo adagio atribuido a árabes y a judíos. Y para lograrlo se aviene a toda clase de condiciones, complace en todo, es simpático y cariñoso y aparenta no darle ni la más mínima importancia al dinero.

En esta cacería, en la que no son necesarias ni escopetas ni perros, el arma del cazadote es la labia, o sea la "muela". Arma poderosísima en un artista capaz de venderse con más arte que el que hace falta para venderle un refrigerador a un esquimal. La edad de la presa no es obstáculo. No importa cuantas libras pesa de más, ni si está más desnutrida que Rosario, la mujer de Popeye. Después de todo, no la quiere para retratarse.

La palabra "cazadote" tiene su origen en la costumbre de algunos pueblos de dar las hijas en matrimonio entregando al novio algo de valor, de modo de hacerlas más apetecibles. Y salir así de las hembras. Que eran consideradas una carga. La dote puede consistir en dinero, en especies, o hasta en tierras. Y es muy común la dote en animales. Y puede ser desde una chiva, un burro, dos camellos, lo que sea. Dependiendo del valor que se dé a la novia. Cuyo monto negocian y regatean el novio y el padre de ella.

Esto ha sido así desde la antigüedad; pero parece que con la legalización de los matrimonios entre los que no son lo que parecen, ni parecen lo que son, pronto veremos al viejo negociando la dote de su hijo Pepe, que se salió del closet. Y a pesar de sus casi trescientas libras y músculos como Sansón, insiste en que lo llamen Dorita. Y quiere casarse con su novio, un cazadote al que llaman Titi. Que pretende que le den cinco vacas como dote de Dorita. Esta situación que imaginamos hoy, es la realidad de mañana. No se extrañen, que cosas más raras hemos visto. Y veremos.

El cazadote cubano no se anda con eso de dos burros ni tres chivas, ni cosa por el estilo. Nada pequeño. ¿Vacas? Por supuesto, pero con finca y todo. Y de buenas a primera nos encontramos con ZUTANITO y no lo reconocemos. Es que ahora Zutanito es ganadero. No sabe nada de vacas. Pero habla como si supiera. Y qué clase de botas tejanas las que calza.

Una buena cuenta de banco es siempre importante para el cazadote. Pero es esencial que la información económica sea correcta. O puede resultarle lo mismo que el que fue por lana y salió trasquilado. O lo del cazador que se le fue el clásico tiro por la culata. Que es más o menos lo que le sucedió a un viva la Pepa de mi pueblo. Que quiso asegurarse de que estaba apostando al seguro. Y un día de carnaval, pasado de tragos se puso contento y se le ocurrió, ni más ni menos que ir a informarse de la solvencia económica del futuro suegro al banco donde éste hacia sus operaciones de negocios. Dos horas más tarde, disfrazado de Drácula fue a casa de su novia para reunirse con un grupo de amigos que iban a "correr" el carnaval en un camión. Pero el chivatazo del banquero al padre de la novia había llegado antes que él. Y puso fin al romance. La novia no le permitió subir al camión, gritándole que se quitara la careta. Que él había nacido con una natural y la del disfraz no le hacía falta. A lo que él, quitándose la careta de Drácula, le contestó que a él le sobraban camiones donde encaramarse. Y que iba a buscarse una novia que tuviera dinero como hasta para darle a ella. Y cumplió su promesa al pie de la letra.

Muchas veces, en la excitación de la cacería, el cazadote no prevé que cuando atrapa su pieza, queda él mismo a su vez atrapado por ella. Que lo ha comprado. Y es, por lo tanto, la que manda. Y pasa a ser un infeliz siempre temeroso de que lo larguen si algo sale mal. Esta situación es frecuente cuando la damisela sabe que la están cazando. Pero a pesar de ello no le importa. Porque él se está vendiendo y ella está comprando. Y lo único que tiene que ofrecer es su plata. Porque lo que es en los demás departamentos esta en la fuácata. Esta categoría de trofeo no perdona. Porque no olvida la humillación que envuelve la situación.

Otra situación aventurada son las herederas. Porque hay que esperar a que se "vire" alguien. En estos casos pueden suceder muchas cosas. Como un mal cálculo en cuanto a la longevidad del de la plata. Que es fatal. Sobre todo si se trataba de un español de esos de familia tan pobre que antes de darle leche al recién nacido lo tiraban contra la pared para ver si se agarraba y valía la pena criarlo. Porque la edad promedio de los que se agarran es de cien años. Si no se cuidan. Y si se cuidan, entonces viven muchos años más. Y el cazadote se muere primero. Después de dispararse una impaciente espera de veinte años.

Un abogado amigo representó legalmente a un flamante cazadote a quien al morir su suegro, se le aparecieron tres cuñados y una cuñada, medio hermanos de su mujer, de cuya existencia en España nadie sino el padre sabía nada. Y el cazadote quería ilegitimarlos de todas maneras. Si hubiera sido americano se hubiera limitado a decir que estaba "very disappointed". Pero el cubano estaba frenético y expresaba su disgusto mucho más vehementemente.

La época negra de los cazadotes cubanos fue cuando la revolución comunista convirtió en pobretones a los millonarios cubanos. Por esa época hubo un cazadote conocido mío que me dijo con descarado cinismo, "¿Te imaginas? Me casé con una heredera millonaria, y de la noche a la mañana me encuentro con que estoy cargando con una indigente, la madre, una hermana y el padre. Y de contra, le ha salido un mal carácter del diablo. Creo que entre nosotros hay una marcada incompatibilidad de caracteres. Y voy a tener que divorciarme". ¡Qué tipo! La única incompatibilidad era la de sus planes con la nueva situación. Por supuesto, no podía, ni puede, ni jamás podrá dejar de detestar a Fidel. No por comunista. Que él se hubiera casado hasta con Celia Sánchez si hubiera podido. Pero ni eso. Porque no le han dado la oportunidad. Lo último que supe de él es que ahora explota unas cuantas jineteras. Con lo que ha convertido el negocio al por mayor en uno al menudeo. Le dijo a un conocido de ambos que lo que es a Miami no viene ni loco. Que prefiere morirse de hambre en Cuba que morirse en una factoría en los Estados Unidos.

Si catalogamos como cazadote a los que tienen como denominador común el vivir de las mujeres, tenemos muchas variantes. Una de estas variantes era Julio. Recién graduado de la universidad puse un apartamento en La Habana cuyo espacio y gastos de mantenimiento compartía con otros tres. Uno de ellos era un "character" de origen hebreo, amigo de uno de los otros dos. Un día desapareció debiendo tres meses en el apartamento. Después de varios meses me propuse saber quién era en realidad Julio. Pues recibía muchas cartas con diferentes apellidos. Las leí. Julio era una de las variantes del cazadote: un bígamo y estafador a nivel nacional. Enamoraba y robaba mujeres. Iba a los pueblos. Se integraba socialmente haciéndose socio de la sociedad local. La cuota la pagaba cualquiera menos él. En una de las cartas una muchacha le rogaba que, por favor, le devolviera el dinero que su abuelita le había prestado para pagar el hotel. Un día reapareció. Atraído por una víctima la había seguido a Santo Domingo. Era la época de Trujillo. Al ir por poco lo matan. Pasó cuatro meses en prisión. No creo que jamás volvió a enamorar una dominicana.

La mejor defensa contra el cazadote son unas capitulaciones matrimoniales con separación de bienes. Algo inaceptable para la dignidad ofendida del farsante. Otra posible defensa es confiarle que su padre se ha arruinado. Eso seria como echarle "fli" a una cucaracha. Y los alejaría como por encanto. A más de una novia la han dejado plantada en el altar por menos que eso. Pero es muy difícil protegerse contra la perfidia de alguien que tiene el estómago de estar dispuesto a acostarse, dormir y despertarse representando una farsa toda una vida. A veces con alguien a quien en el fondo detesta. Porque, por añadidura, no le permite ni abrir la boca. Imagínense un cubano que no pueda ni opinar y mucho menos discutir nada. Y que tiene que conformarse con ser Zutanito, el marido de Fulanita. ¡Tremendo trauma para cualquier cubano... cazadote o no!

No obstante lo expuesto, toda generalización es injusta, y hay que señalar, que existen diferencias entre los cazadotes determinadas por la motivación. Y los sentimientos. Presentes siempre en el cubano. Lo cual suele diferenciarlo del clásico cazadote de otros pueblos. Más calculador y frío. Mientras que el cubano, aunque motivado inicialmente por el deseo de procurarse una seguridad económica, generalmente supedita ésta a una relación sentimental. La cual es la base de un proceso de acercamiento a su esposa e hijos a través de los años, en los que el factor económico deja de ser lo principal. Y del desairado papel de marido de Fulanita ha ido pasando a ser el señor Zutano, que se ha ganado el respeto de su mujer y la sociedad trabajando y defendiendo los intereses de ambos.

(1) < ALGO PARECIDO A LO DE LA DOTE SON LA ARRAS O DONACIÓN DEL NOVIO A LA NOVIA. CON LAS QUE ALGO NO ME SALIÓ BIEN A MÍ EL DÍA DE LA BODA, PORQUE LE ENTREGUÉ TRECE REALES A ELLA. Y NUNCA MÁS LOS VI >.

(25)

~La Química del Cubano~

Decir que todos los hombres son iguales es negar la evidencia de la existencia de la Ley de las Diferencias que rige el Universo, adonde ni siquiera hay dos huellas digitales iguales, algo que bien reconoce Pedro Infante cuando nos dice *"Yo soy quien soy, y no me parezco a nadie"*. Y si se nos ocurriera la idiotez de ponernos a negar las diferencias que existen entre los hombres estaríamos disputándole el cartelito al Bobo de la Yuca. Porque es un imposible. Para llamarle de alguna manera a las diferencias que dominan todo lo que existe, diremos que estamos constituidos por un conjunto de elementos presentes en la materia que nos forma, pero que combinados de diferentes maneras producen diferentes individuos. Ninguno superior, pero sí diferente y excepcional en las caprichosas diferencias que nos distinguen. Cuya diversidad tiene un carácter compensatorio que nos hace dependientes los unos de los otros. Incluyendo a los menos favorecidos.

En ocasiones una combinación produce un idiota. Otra un genio. La química del caldo cubano ha producido pro-hombres. Y también bandidos y sinvergüenzas. Pero nada mediocre. Todo en grande. ¿Por qué negar que cuando los produce, los produce de marca mayor? Tan sinvergüenzas que hasta nos enorgullecemos. Eso sí, tienen que ser simpáticos. Porque si salen sangrones se salan.

Y aceptada como premisa la Ley de las Diferencias aquí enunciada, me asalta la peregrina curiosidad de preguntarme de qué cerebro turbulento salió la formula genial que formó al cubano. Porque no sólo somos diferentes sino que a lo que somos le zumba el mismísimo merequetén. Si no, observemos a nuestro alrededor. ¿Dónde se ha visto un pueblo que en forma masiva le regale su casa a alguien? ¿Y que después se la quiera quitar? ¿Y que al no poder quitársela se transforme de media cuchara que era en Cuba en contratista en los Estados Unidos y se haga una casa mejor que la que regaló en Cuba? ¿Y cómo se explica que un individuo, que en Cuba se ganaba la vida de espantapájaros en una arrocera, haya aprobado aquí la licencia de "Real Estate" sin hablar ni una papa de inglés... ¿Y que en lugar de aprender inglés hayan puesto los cubanos a los americanos a hablar español? ¿Y que de contra los pongan a comer mangos? ¿Y que para colmo se conviertan en electores decisivos para elegir el presidente de la Nación?

Lo único que explica la excelencia del potaje cubano, equivalente, pero diferente del "melting pot" americano, es la química de los componentes genéticos de ambos. Del americano salen una gran cantidad de turistas y comerciantes. Mientras que del cubano lo que sale es retama de guayacol. Pero de la buena. Todo por las diferencias en los ingredientes del potaje. Las diferencias no se notaban en Cuba porque en Cuba la competencia era entre cubanos, y tiburón no come tiburón. Aquí el cubano es el tuerto en el país de los ciegos. Si no que alguien explique cómo ha podido suceder que con tanto americano por ahí, escogiesen ni más ni menos que a un cubano para presidente de la *Coca-Cola*? Aquí no hay casualidad. Lo que hay es que además del merequetén, también nos zumba el mango.

Por eso, aunque me tilden de nazi a veces insisto en que esto tiene algo que ver con la genética. Alguien hizo los cubanos cocinando un sopón de genes. Igual que hizo el inventor del "melting pot" para inventar a los americanos. Aunque mezclando un montón de genes extraños. El del sopón cubano lo hizo con una variedad de ingredientes con los que parece que quería hacer un jarabe para matar la suegra. Y por casualidad salimos nosotros. Y la suegra vivió cien años. Y aunque la fórmula es secreta, sabemos que cogió los genes de los íberos, que eran unos negritos africanos belicosos y feos; le añadió genes de los celtas, que eran laboriosos y amantes del hogar y la familia; a esto le añadió también genes de los vándalos, los suevos y los alanos, que eran todos una tremendísima gentuza; y para darle un espíritu de comerciante, echó en el caldero una porción de genes fenicios y judíos. A todo esto añadió los genes de romanos y visigodos y cerca de ocho siglos de genes árabes. Y por último, para hacerlos tozudos como mulas y sentimentales como Sara García[1], ¡echó un gallego en el caldero! Hay que confesar que se le fue la mano. Porque lo echó enterito. Y de este potaje o ajiaco salió el rarísimo y excepcional español, inventor de la mulata, que nos puso prietos añadiendo genes indios, negros y asiáticos a la química del sopón. Haciéndonos a la vez pacientes, ingeniosos, escandalosos y confianzudos.

Analizado lo anterior no hay que sorprenderse del fenómeno genético que es el cubano. Milagro de la ley de las diferencias que lo mismo puede producir un bípedo que un cuadrúpedo. Lo cual explica a Castro. O campeones como Raúl Capablanca, Kid Gavilán y muchos más. Sin olvidar a un genio cubano, aunque lo fuera de la estafa, como el Águila Negra, no digno de emular, pero un genio de todas maneras.

Y no tengan duda alguna de que esta condición del cubano va siendo cada día más reconocida por la comunidad internacional. Incluyendo los perros. Que sé por experiencia personal que nos distinguen del resto de los mortales. Si no, a ver si alguien puede explicar por qué "Missile", el perro de mi vecino en Carolina del Sur, me seleccionó a mí, un cubano, de entre un grupo de americanos presentes para, después de darle la vuelta al grupo varias veces y haber olfateado meticulosamente todos los fondillos y demás, proceder a orinarse en mi pierna. El perro simplemente estaba demarcando su territorio y quiso que no quedara la menor duda de que yo pertenecía al mismo. Una distinción sin duda alguna.

Todos los pueblos se originan y desarrollan en un cocinar constante del caldo genético. Añadiendo y mezclando genes de aquí y de allá. A manera de comparación observemos como se cocinó el "melting pot" de los americanos. Primeramente capturaron los ingleses cuanto borracho pudieron recoger en los bares del Támesis, los cuales se enteraban al amanecer en alta mar que ahora eran marineros. Y que iban rumbo a una colonia llamada Virginia. A quitarles el maíz y sus tierras a los indios. (Siglos después, su inclinación al whisky haría millonarios a algunos de sus descendientes). Ya provistos de estos genes, se dedicaron a secuestrar cuanta prostituta pudieron y las llevaron a procrear con los marineros. Que no teniendo donde escoger, le metían mano a lo que fuera. Además era gratis. A este potaje inicial añadieron después una serie de cazadores de brujas en Inglaterra. Les llamaron peregrinos y los montaron en un bote al que nadie sabe por qué le pusieron "Mayflower". Porque a lo que olían el barco y sus pasajeros no guardaba ninguna relación con ninguna flor conocida en este planeta. A estos también los echaron en el caldero del potaje genético, que fue engrosando con el tiempo con los genes de cuánto fanático religioso y desheredado de la suerte había en Europa. De ahí salió el americano de hoy. Que todavía no usa bidet porque esto pudiera prevenir el embarazo actuando como anticonceptivo en algunos casos. Lo cual va contra sus principios religiosos. En una proporción que desconocemos, forman también parte de la fórmula del "melting pot" genes africanos, asiáticos e indios.

En años recientes, Fidel les envió en sólo un viaje, más de cien mil líneas genéticas combinadas con locos y delincuentes, para añadirlos al "melting pot" americano. Por suerte, éstos no quisieron que los cocinaran en el caldero americano y aunque algo apretujados se colaron en el cubano, mejorando su química. Aunque todavía no ha pasado bastante tiempo para poder evaluar los resultados finales. Pero por lo que vamos viendo, también a estos cubanos les zumba el merequetén.

Estas reflexiones conducen a inevitables conclusiones. La primera es que según la diversidad de los componentes, se produce la calidad del caldo genético. En la ganadería se hace selectivamente y se logran ejemplares de alta calidad. Que es lo que quería Hitler. Pero no nosotros. Que lo echamos a la suerte. Salga lo que salga. Y es mejor que sea así. ¿Se imaginan un Super Liborio? ¿Imaginan una gritería cubana con gaznates de super cubanos? ¿Y qué me dicen de la pedantería? Porque hay que ver la clase de pedante que es un sabelotodo cubano. Ahora imagínense si por añadidura fuese un super dotado genético.

Otros éxitos de caldos genéticos son los japoneses. Con genes escandinavos, africanos y mongoles entre otros. Aunque le echaron algo al potaje que los hizo fanáticos del sol. ¡Vaya ocurrencia! No todos los potajes salen bien. El mundo es testigo de la existencia de pueblos enteros que hubiera sido mejor que se hubiera volcado el caldero y no hubieran existido nunca. Pues su existencia solamente se justifica para que, comparadas con otros procesos culinarios, podamos establecer los méritos de otros potajes. Incluyendo la excelencia del cubano. Y la barbaridad que cometió el que preparó el caldo genético que formó un fanático musulmán o de cualquier otra creencia.

El cubano no es fanático de nada. A menos que se trate de la pelota. Pero es un fanatismo tan pragmático que si se muda de pueblo se hace fanático del equipo local. Pero sin jamás matarse en el terreno porque perdió o el "umpire" metió la pata. Pragmatismo que lo distingue en otros aspectos de la vida. Algunos positivos y otros no. Esto puede tener algo que ver con la sopa de piedras. Cuenta la leyenda que encontrándose un dios mitológico pasando hambre, pedía comida y nadie se la daba. Tocó entonces en una puerta y pidió a la dueña de la casa que le permitiera hacer una sopa de piedras. Curiosa, accedió ésta. Entonces el Dios le pidió un caldero grande y un poco de agua. Buscó varias piedras. Las lavó bien y las echó en el caldero. A continuación le pidió a la mujer un poco de sal. Después le pidió unos pedazos de carne. Y así poco a poco fue haciendo un ajiaco. Y una vez satisfecho que ya estaba para comerlo procedió a sacar las piedras. Con la mujer observando cómo se las iba a comer. Pero lo que hizo fue botar las piedras. Y acto seguido se bebió la sopa.

Yo sospecho que los caldos genéticos de que venimos hablando fueron hechos también con algunas piedras. Y que algunas quedaron en el fondo cuando hicieron el sopón. Y eso explica las piedras que a veces salen a la superficie. Como les pasó al caldo genético en Rusia con Iván el Terrible y Stalin. A nosotros con Fidel y a los venezolanos con Chávez. Del idiota que se produjo en el "melting pot" americano sospechamos que sus deficiencias mentales son causadas por sustancias nocivas ocultas en el maní que cultiva, por lo que en consideración a su estado de reblandecimiento cerebral crónico, callamos. Esto prueba que en el mejor de los potajes, incluyendo el cubano, a veces también se cuelan piedras. Y allí permanecerán. Hasta que limpiemos el caldero.

(1) Sara García, gran actriz dramática del cine mejicano.

(26)

~*La Memoria*~
Ensayo Humorístico

La memoria es la facultad de recordar. Lo que se debe y lo que no se debe. Que es casi siempre más interesante. Cuando se ejercita demasiado la facultad de recordar lo que no se debe, se está haciendo un uso indebido del cerebro. Que no es precisamente lo más saludable.

No hay que ser muy inteligente para memorizar. Todos los animales memorizan lo que les resulta en un premio. Aunque, por supuesto, esto no quiere decir que todos los que reciben un premio son animales. Aunque hay algunos que a veces lo parecen. Son los fuertes del esteroide. Que han logrado desarrollarlo todo. Menos el cerebro.

No debe confundirse la memoria con la inteligencia ni con la facultad de adquirir conocimientos. Que hay quienes son capaces de recitar de memoria una guía de teléfonos con diez mil listados y sin embargo, no han aprendido absolutamente nada.

Porque recordar no es necesariamente aprender ni ser inteligente. Los loros lo repiten todo y no saben lo que hablan. Lo cual no es privilegio exclusivo de los loros. Todos los que hablan mucho son loros frustrados. Sin plumas de colores. Porque tampoco saben lo que hablan. Por eso transcurrido un rato escuchándolos nos damos cuenta que no estamos entendiendo nada. Pero nos esforzamos en aparentar una atención inteligente. Hasta que se nos escapa un pestañazo de sueño. O de aburrimiento. Que es peor. Y nos asalta la preocupación de que nuestro interlocutor se haya dado cuenta.

La memoria es como el desván o el cuarto de los tarecos, que llega el día en que no cabe ni uno más. Y hay que llamar al "Goodwill" o hacer un "garage sale". Y es que el cerebro es una computadora a la que se le llena el "hard disk" y no admite ni un "entry" más. Recibe la información, pero no la guarda. Y llega con los años un día en que tenemos que arreglárnosla con lo que quedó grabado. Que con la repetición adquiere todas las características de un disco rayado; que además se traba en alguna parte y hace que repitamos lo mismo indefinidamente. Y nos maravillamos de la buena memoria que tiene el abuelo y nos regocijamos por lo bien que está. Porque recuerda todo desde que tenía seis años. Y nos sorprende que se le haya olvidado lo que le dijimos hace seis minutos. Y que se olvide que nos ha contado el mismo cuento durante diez años seguidos, sin cambiarle punto ni coma. Y que para fatalidad nuestra, recordamos.

Hay viejos belicosos que recuerdan hasta el último trompón las broncas que ganaron en el colegio. Pero que nunca recuerdan aquellas en las que le abollaron un ojo. Y es que un ojo abollado es algo que el subconsciente borra para siempre. Porque es una vergüenza. Igual que el caerse de nalgas. Todo el mundo se ríe. Casi siempre nos reímos del ridículo. De otros. Contra el ridículo no hay defensa. Por eso se le teme tanto. Como a la trompetilla. ¿Es que existe algo más devastador que una trompetilla? ¡Dios nos ampare!

Los recuerdos se convierten en "memorias" cuando se escriben. Para que no se olviden. Lo cual es un contrasentido. Los recuerdos forman parte de nuestro presente y no son nunca el pasado. Porque influyen en nuestras vidas aunque no nos demos cuenta. De ahí aquello de "recordar es volver a vivir", que es el presente.

Presente es también el grito con que se responde al pase de lista. Y que en el ejército debía de ser alto y fuerte. Masculino. Para que el sargento no preguntara quién era la niñita que había respondido. O le llamara mariquita. Que era lo mismo. Hoy en día, con las mujeres soldados y los que se han salido del "closet", a nadie sorprende una vocecita en el pelotón. A los que se salen del "closet" se les llama esqueletos. Antes se les llamaba de otra manera. Pero ahora no hay quien se atreva. Porque viola la Primera Enmienda. Y los "civil rights". Hoy se les llama con un vocablo parcialmente tomado de la nomenclatura científica: "homo". Que quiere decir "hombre". Lo cual no pega. Y se le añade "sexual". Que pega demasiado. Lo cual no se entiende. Pero suena más respetuoso.

Y por añadidura, el nombrecito le ha complicado la vida a los estudiosos de la evolución y del origen del hombre, que tienen que estar muy alertos para acordarse de no confundir al "homo sapiens" con los otros "homos". Que aunque también son prehistóricos, no se parecen. Porque no son tan rudos.

Hay viejísimos compañeros de bachillerato que hacen alarde de buena memoria recordando la "periplaneta americana".Que es el nombre con que a alguien le dio la ocurrencia de llamar a la cucaracha. Conocimiento que nunca sirvió a la mayoría más que para pasar el examen. Y que nos puso a todos a competir con las cotorras.

En nombre de la cultura trataron de enseñarnos las Ciencias Naturales. Que es como si nos enseñaran a hablar latín. Conocimientos que no sirven más que a los científicos especializados en la materia y a los eruditos de la lengua. Los demás no tienen ningún uso para los nombres científicos de las especies. Ni para el latín. Que olvidarán por falta de uso. ¿A quién se le va a ocurrir decirnos, "¡Mira una periplaneta americana! ¡Mátala! ¡Mátala!"? Y mientras averiguamos qué es lo que está diciendo, se nos va la cucaracha. Sería también interesante observar la cara del camarero al que ordenamos un enchilado de "homarus americanus", en vez de llamarle langosta. Los que tuvieron la idea de darnos cultura con la Ciencias Naturales olvidaron que la cultura dura lo que la memoria. Y que la memoria no usada es memoria borrada.

A veces nos encontramos con amigos que no recordamos en absoluto. Y nos preocupa que el otro se dé cuenta que no sabemos quién rayos es. Y entonces les decimos que están igualitos. Para que el otro vea que si lo recordamos. Y la tensión se nos sale por los poros mientras estamos viendo a ver que dice que nos dé una pista.

Eso del igualito es un insulto bien intencionado. Si pasados cuarenta años alguien está igualito es porque nunca tuvo quince años. Y si le decimos que está igualito al que siempre estuvo consciente de su fealdad, estamos entonces restregándole la verdad en la cara. Y de la verdad se ha dicho que es más amarga que la muerte.

Y si le decimos que está igualita a una dama que fue una belleza en su juventud, lo que en realidad le estamos diciendo es que jamás fue bella. Tampoco es prudente decirle que se conserva bien. Sólo de lo que es bien viejo puede decirse que se conserva. Por lo que es lo mismo que decirle, "A pesar de lo viejo que es usted, no está tan mal".

Hay quienes jamás recuerdan una cara. O los nombres. O ambos. El invento del papelito en la solapa o en el busto con el nombre en letras bien grandes evita muchas vergüenzas y sería casi la solución perfecta en las reuniones sociales si no fuera por lo difícil que es evitar que le noten a uno la mirada de reojo. O las bromas pesadas que se les ocurren a algunos.

En una reunión de mi curso de graduados uno de ellos, muy cumplido, saludó efusivamente a una compañera diciéndole, "Oye, no has cambiado nada, te reconocí enseguida...." Y ella le contestó, "Pues mira, no sé cómo, porque intercambié mi papelito con fulana...." Hay gentes que tienen una imaginación increíble para fastidiar a los demás. Fue algo macabro. Dejó al infeliz hecho leña... y sin escapatoria. ¡Qué momento!

Cosas de la memoria, que nos juega a veces muchas travesuras. Como cuando se confunde con el entretenimiento. Y le "levantan" a uno la pluma momentáneamente prestada. La pluma hay que prestarla sin el casquillo. Para que no puedan enganchársela en el bolsillo los entretenidos.

Comentar acerca de la memoria es un tema inagotable. Limitado solamente por la memoria misma. Por eso, terminamos.

(27)

~*Cuqui el Aventurero*~
Estampa Biográfica

Cuando los cubanos hablamos de los cubanos los criticamos acerbamente. Y exageramos virtudes y defectos. Y nos reímos de todo ello. Porque lo cierto es que nos sentimos orgullosos de ser lo que se dice de nosotros que somos. Y también de lo que somos y no decimos. Y nos preguntamos por qué hemos de sentirnos orgullosos de esas características que nos critican y nos criticamos. La respuesta es que ellas son la causa de que nos destaquemos tanto en condiciones normales como en la adversidad. Por lo que a veces nos detestan. Sin poder, sin embargo, ignorarnos.

El cubano promedio es una combinación de Mandrake el Mago con el Genio de la Botella. Que se enfrenta a un problema cualquiera convencido de que no hay dificultad que él no pueda resolver. Como si tuviera una varita mágica. Este tipo de individuo crece en Cuba como la verdolaga. Y no es ningún idiota. Porque casi siempre se las arregla para salir bien del asunto. ¿Cómo se explica esto entonces? ¿Se trata de una herencia genética de los cubanos o es una condición adquirida producto de la formación del individuo?

En la búsqueda de una respuesta a estas interrogantes, que haría posible la mejor comprensión del carácter nacional cubano, recorreremos a grandes rasgos la vida de un prototipo: Cuqui El Aventurero. Porque en él se manifiestan las características del cubano average. Exploraremos sus antecedentes y formación familiar. Sus cambios de fortuna. Y cómo la seguridad en sí mismo lo ayuda a salir triunfante de los diferentes retos y situaciones.

En su casa le decían Cuquito, que más o menos quiere decir niñito malo. Los amigos le pusieron "Cuqui el Aventurero", porque, cubano al fin, siempre estaba inventando aventuras y cuentos. Lo mismo que los cubanos de hoy. Cuya primera preocupación cuando amanecen es, qué es lo que van a comer ese día. Y se la pasan "resolviendo". A tiempo completo. Robándole a Fidel. Y fingiendo que son fidelistas. Y lo curioso es que Fidel se lo cree. Que es como tiburón comiendo tiburón. Porque él también es cubano. Y no es una excepción. Y es capaz de inventar cualquier podrida. Como cuando resolvió el problema de los homosexuales y los delincuentes. Organizando el famoso tour Mariel–Miami. Y enviándoselos a Carter. A toditos. Bueno, a casi todos. Porque Raúl se les escondió. Pues, aunque no calificaba 100% en la categoría Tiburón, clasificaba plenamente en la de pargo. En el tour vinieron otros que a quien se le escaparon fue al mismísimo Drácula y lo lograron a base de elaborar los inventos y subterfugios más increíbles. Que además siguen inventando aquí. Para realizar el Sueño Americano. Que a veces convierten en pesadilla.

A Cuqui no le gustaba que le llamaran Cuqui. Él se tomaba muy en serio y quería ser como su abuelo materno. Que fue Coronel de la Guerra de Independencia. Y según lo que contaba su mamá, parece que él solito la ganó. Oye hablar del machete mambí y se hace él mismo espadas de madera. Y se cree un caballero medieval. Completa el atuendo con un escudo y un casco de cartón. No le permiten que vuelva a ponerse el que hizo de un cubito de hojalata al que abrió dos hoyos y que le hirió la cara. A veces se burlaban de él llamándole marqués. No le interesa la nobleza. Muy tarde, años después descubrió su nobleza autóctona como descendiente de Tínima, hija del cacique Camagüebax que casó con su antepasado Vasco Porcallo de Figueroa. Semental español, abuelo ancestral de los camagüeyanos.

En un diálogo que surgía a menudo en su casa, su madre hacía alusión a los matrimonios entre primos, tan común en las familias camagüeyanas. Decía ella que su familia eran hombres de mar. Sanos y robustos. A lo que el padre de Cuqui contestaba, casi en un murmullo, "Piratas, hijo, piratas". Cuqui se sentía orgulloso de su familia materna. Nada convencionales. Aventureros. Inclusive de Pepote. Uno de los "hombres de mar" a que aludía su padre. Pariente cercano de su madre. Que parece que se mantenía ocupado también en tierra. Hasta que adornaron el parque de Manzanillo con él. Colgado como una lámpara. Por cuatrero y asaltador de caminos. Cuqui lo imaginaba audaz y valiente. Hoy hubiera ocupado un puesto prominente. En el Correo. Con su foto de frente y de perfil. Y un número. Eso le hubiera echado a perder la fantasía a Cuqui.

Por la línea paterna no había aventureros. Ni coroneles. Eran hombres afincados al campo. Enseñaron a Cuqui a improvisar y valerse por sí mismo. El abuelo paterno autoritario, honesto, trabajador, su palabra era una escritura, austero, patriarcal. A Cuqui le avergonzaba que no hubiera peleado por la independencia. Eran duros. Nunca fueron niños. Nunca un regalo de Reyes Magos. Aunque preocupado y cariñoso este abuelo. Nada de bromas. No, por ahí no heredó Cuqui ni pizca de la chispa cubana. La familia había quedado en la miseria después de la guerra. Una vaca valía cinco pesos. ¿Tierras? Muchas. ¿Capital? Una calderilla española. ¿Valor? Dos centavos. El abuelo la clavó en el dintel de la puerta. Para empezar sin nada.

Con su abuelo dando el ejemplo, cada hijo contribuyó con su trabajo a la reconstrucción del capital familiar. Menos la abuela. Hija de un padre al que llamaban "el Buey de Oro", el abuelo había prometido al pedir su mano, que jamás lavaría ella un plato. Era cuestión de honor, y cumplió su palabra fielmente. Mientras ella dirigía la orquesta balanceándose en un sillón. Abanicada por una niña negra. Que la quería como a una madre. La niña jugaba a los escondidos con las otras niñas. Pero la encontraban enseguida. Porque se escondía y preguntaba: ¿mi ama uté me ve? Un par de zapatos domingueros para los varones. De talla grande para que le sirvieran a los tres. Y se los turnaban los domingos. Así recorrerían el largo camino de la pobreza a la riqueza años más tarde. ¿Precio? Un ojo del mayor. Una pierna lisiada otro de los tíos. Se ahorcó el tercero.

El padre de Cuqui hallaba muy feos los bueyes. Dejó la finca para trabajar en un almacén. Tenía 14 años. Años después, joven aún, ya había hecho fortuna. Dueño de varios almacenes en diferentes ciudades. Se casa con una niña de padre rico. Le rodea la abundancia. Dos automóviles. Chóferes. Criada de mano. Cocinera. Niñeras. Al padre ya le dicen Don. Todavía un privilegio. Cuqui no alcanza a participar del festín. 1929. Quiebra de la banca internacional. Los deudores no le pagan a su padre. Ruina total. Vende todo lo que tiene para pagar acreedores. La madre es ahora el sustento de la casa. Con una máquina de coser. No tienen ni para comprar carbón. Hay que recoger leña. Estos años fueron un curso preparatorio para los que conocería muchos años después, Cuqui en el exilio. Lentamente el padre vuelve a recuperar el bienestar económico. Recupera también el "don" que había perdido. Y llega Fidel. Comienza de nuevo otra era de vacas flacas para los cubanos. Pero Cuqui no le teme a nada. Porque la pobreza no le es extraña.

Al día siguiente de llegar al exilio ya está poniendo azulejos trabajando de ayudante de albañil. Se alista en la Brigada 2506. Lo dejan en tierra en Guatemala con otros 166 aproximadamente. Vuelve a Miami. Consigue un empleo fijo poco después. Oculta que es abogado. Ahora es supervisor de mantenimiento del Lighthouse for the Blind. No supervisa a nadie. Todos lo supervisan a él. Es una tribu llena de jefes indios. Con un solo indio. Él. Recoge basura con un pincho alrededor de la fábrica. Limpia inodoros. Y los deja tan bien que los jefes indios usan ahora el servicio de los ciegos. Que antes era un no no. Porque los ciegos los usaban en cuclillas. Y la puntería era pésima. Cuqui se sentía orgulloso.

Algún tiempo después ya está en el ejército americano. ¿Será sanaco? Se cree el cuento de que lo van a mandar a Cuba. Adonde el presidente de los Estados Unidos ha prometido devolverles la bandera de Girón. ¡Vaya presidente farsante! Lo que está en el candelero es Vietnam. Se licencia. Por suerte. Le hubiera humillado salir huyendo por el techo de la Embajada. Con tanto infeliz apretujándose por subirse a cualquier cosa que volara. Eso es lo que pasa cuando los tenientes de lanchas torpederas y los cabos se convierten en jefes de Estado y del ejército. Vuelve a su empleo. Se envuelve en cuestiones patrióticas. Discute con otros cubanos lo sucedido en Vietnam. Todos están de acuerdo en que ellos lo hubieran hecho mejor. Ahora es un clandestino en Miami. ¡Le ha puesto la tapa al pomo! Un perfecto idiota. Que todavía cree los cuentos de los americanos. Y los de los cubanos.

En Alaska están contratando operadores de maquinarias pesadas. Los sueldos son fabulosos. Se requiere experiencia. Lo más parecido a un tractor que ha manejado él es una bicicleta. No tiene experiencia; pero tiene amigos. Consigue quien le enseñe algunas cosas básicas; pero lee que una lata de tomate cuesta diez dólares. Esta vez Cuqui desiste de la aventura.

Por entonces se entera que venden lavadoras de uso a tres y a cinco dólares. No sabe nada de lavadoras. Pero compra dos y arma una. Se busca un pintor que dibuja una mano agarrando un rayo. Y un lema que dice, *"Todo en electricidad"*. Abre un taller para la reparación de refrigeradores, lavadoras y cocinas pre-usadas. Parece un tiro al blanco. Pero el nombre de la compañía está de acuerdo con su emblema: Super Electric Appliances Corp. Instala aires acondicionados. Lo único que sabe de electricidad es coger corrientazos. Cuando niño los cogía en la casa. Cuando la madre lo veía lo mandaba a la bodega a comprar dos fusibles de a cinco centavos. Lo vigila preocupada. Pero lo permite. Cree que tiene que aprender y correr riesgos. Su madre quiere hacer de él un espartano. Con rigor y cariño.

Tampoco conoce de aires acondicionados. Se busca dos mecánicos. Más muertos de hambre que él. Pero lucen flamantes con su uniforme blanco. El emblema de la mano y el rayo en el pecho es impresionante. Aprende los principios básicos de la refrigeración con la lengua. Son las dos de la tarde. Está limpiando un refrigerador bajo un techo de tejas de zinc. El calor es agobiante. Abre la puerta y tiene ante él un congelador con una escarcha que le provoca un deseo incontenible de refrescarse con la escarcha. Mete la cabeza y le pasa la lengua. Y se pega. Horror. Da un tirón. Y suelta media lengua. Nada dice para que no le llamen el deslenguado.

Brindan buen servicio. Y no dan abasto. Cuqui anda con un termómetro en el bolsillo. Que pone en cuanto aire acondicionado se le atraviesa. Adopta entonces la expresión de un profesional experimentado. Como la que adoptaba el veterinario al ponerle un termómetro a su perrita Po-Pó adonde único se le puede poner un termómetro a un perro. Y que ella lanzó como un dardo inmediatamente.

Está examinando un aire acondicionado. Con su termómetro. Lo sorprende la señora de la casa. Él no sabía que se trataba de una amiga de sus tiempos del jet set. En vuelos Sibanicú-Cascorro-Camagüey. Que exclama sorprendida al verlo, "¿Pero tú que haces aquí? ¿Tú eres el mecánico? ¡Dios mío!". No Loló, le dijo, yo sólo estaba tomando la temperatura. El mecánico es este señor, le dice señalando al mecánico. Que era gago. Y tuvo la prudencia de no abrir la boca. Bueno, trata de que sea él quien lo arregle, le dijo, y se echó a reír. Cuando yo cuente esto no hay quien me crea, añadió.

El negocio prospera. Se crea una buena reputación. No se engaña a nadie. A menos que le preguntaran a Cuqui a qué se dedicaba en Cuba. Yo trabajaba para Refrigeración Amana, contestaba. En una ocasión una cliente le contestó, "Menos mal, porque anda por ahí un abogado que arregla refrigeradores y es tremendo sinvergüenza, que no sabe nada de eso". Le dijo el nombre y respiró. No era él. De todos modos una coincidencia escalofriante.

Se lesiona la espalda. Ya no puede seguir haciendo fuerzas. Tiene que inventar algo pronto. Activa sus relaciones sociales en los cafetines de la Calle Ocho. Y se entera que hay un americano en el refugio entrevistando aspirantes para estudiar para bibliotecarios en un "college" de Kansas. Es un programa federal. Las entrevistas son en inglés. El inglés que sabe él es el de Mary is a girl y Tom is a boy, que enseñaba el libro de Jorrín en Cuba. Va al refugio y le pide a los que van saliendo de las entrevistas que le escriban en un papel las preguntas que el profesor entrevistador les hacia. Recopila un buen número con sus respuestas. Con la ayuda de una maestra amiga las organiza y las memoriza. Ya está listo para la entrevista. No parece tener problemas con el inglés. Lo entiende todo. Pasa con todos los honores. El profesor entrevistador será su profesor en la escuela. Regala el negocio a un noble amigo que le ha ayudado desinteresadamente. Y parte para el college. Ha terminado una aventura. Comienza otra.

Comienzan las clases. La primera la da el Dr. Ladwig. El entrevistador de Miami. Se dirige a Cuqui. Que no entiende ni una papa. El profesor echa una parrafada que Cuqui tampoco entiende. Le traducen, *"Que dice el profesor que no comprende como es que él mismo lo seleccionó a usted en Miami"*. Cuqui lo mira sin pestañear y le dice seriamente, *"Mí tampoco"*. Estalla la risotada. El profesor también ríe. Se gradúa de bibliotecario con un master. Cuqui piensa que más bien lo graduó el gobierno federal. Porque había que graduarse. Su señora también se gradúa. Los contratan en la Universidad de Carolina del Sur.

La biblioteca lo deprime. No hay nada que inventar. La rutina es intocable. Empezando por la señorita bibliotecaria. Que es un prototipo clásico. Que no han tocado nunca. Y no lo perdona. El único que le resultaba pintoresco era un afeminado. Que se creía Greta Garbo. Y salía al jardín cuando llovía. Porque según él el agua lluvia lo mantenía joven. Y tenía más arrugas que un "bulldog". Tampoco resiste la luz neón. Cada día se parece más al chino que trabaja en el Departamento.

Cuqui tiene un problema. Sólo lo motivan los retos. La rutina lo deprime. Se abre una posición de Supervisor de Servicios Bibliotecarios para prisiones, en el Estado de Carolina del Sur. Se presenta. El sueldo es mucho más corto que el título. Debe presentar un plan para cinco años. Recopila datos y estadísticas. E inventa un plan. No tiene muchas esperanzas. Para su asombro, lo llaman, lo felicitan. Y le dan la posición. Está orgulloso. Ha puesto una pica en Flandes, se dice. Está tan contento que se hace miembro de los Optimistas. Asiste puntualmente a la reunión semanal. Lo eligen sargento de armas. El sargento de armas es el buquenque que prepara el salón para la reunión. Evidentemente, estos "rednecks", cuando no tienen un negro que les haga el trabajo, se transan por un cubano prieto.

Pronto se entera que el único candidato a la posición había sido él. Todos le temían a trabajar rodeado de los criminales más peligrosos del Estado. No había puesto pica alguna en ningún lado después de todo. Le entregan varios expedientes de presos para que seleccione su personal. Descarta los ladrones y estafadores. Selecciona los que cumplen por homicidio. Su secretario ha matado a su esposa, a su suegra y al perro, por entrometido. En la prisión despacha a otro preso. Con once puñaladas. Pero conservó su masculinidad. Le extraña su blancura. Parece que lo han lavado con Pirei y Fuerza Blanca. Le habían conmutado la sentencia de muerte por cadena perpetua y cinco años en solitario. Le causa buena impresión. Y lo hace su secretario. En la prisión aprende que, confirmando el adagio, tanto en ella como en la calle, *"no están todos los que son, ni son todos los que están"*. El Plan quinquenal preveía el establecimiento de cinco bibliotecas. Una por año. Abre tres en tres años. Y renuncia.

Durante esos años ha sacado la licencia de bienes raíces. Compra, repara y vende casas. Se muda a Orlando. Ahora es inversionista. Pero los venezolanos le echan a perder el paso doble. Suben el precio del petróleo. Se caen los bienes raíces en la Florida. Decide ir a Venezuela para ver cómo bailan el paso doble allá. Todo el mundo es contratista. Le preguntan si conoce a alguien que venda maquinaria pesada de construcción. Decide vendérselas él. Su mujer no se explica cómo puede hacerlo. Él no sabe distinguir entre un tractor y un tranvía. La respuesta es típica de Cuquí, *"No, pero se parecen, están pintados del mismo color"*. Ahora necesita un socio que sepa. La Caterpillar le recomienda uno. Un estrechón de manos. Ya tiene un socio. Se llama Tim. Con el tiempo descubre que debieron llamarlo Ali Babá. Tim compra y vende. Y le dan un "kickback". Cuqui hace promoción y consigue los clientes. Lleva nota de lo que le están robando y espera. Venden casi dos millones de dólares en menos de dos años. Ya ha aprendido a diferenciar un tranvía de un tractor. Se separa de Tim. Prepara las condiciones y el último día le ajusta las cuentas. Y se cobra todo.

Todo marcha bien. Han pasado veinte años. Han terminado los retos. Viaja mucho comprando y vendiendo maquinarias. Y así arriba al primero de septiembre de 1994. Desayuna y tocan a la puerta. Su suegro, muy anciano, la abre. Son dos cubanos que están inventando robarle. Le anuncian que vienen a matarlo. Lo amarran, igualmente que a la señora que cuida a sus suegros. Quieren el dinero. Una cifra exorbitante. No existe tal suma. Frustrados deciden matarlo. Y lo hieren gravemente. Salva la vida. Pero queda inhabilitado físicamente. Padece además de Parkinson. Retiro forzado. ¿Qué hacer ahora?

Piensa, mientras se rehabilita, que ha descubierto un nuevo mundo: el corazón humano. En los hospitales, en el ascensor, en la calle, en todas partes. Recibe tanto amor de todos que decide que debe reciprocar. Llevar con humor el optimismo allí adonde hay tristeza. En fin, hacer lo que pueda por los demás. Y descubre, no inventa, un cubano diferente. Que vive en todo ser humano aunque no lo sepa. Cuqui ha sido siempre irreverente. No puede evitar ver el lado cómico o risible de situaciones convencionales serias. Siempre ha reído para sí mismo, ahora quiere que los demás disfruten el humor con él. Después de todo siempre había querido escribir. Como su abuelo materno. Y eso hará. Escribirá cómo percibe las cosas. No es un poeta, pero escribirá versos si puede. Y martirizará a sus amigos con ellos. También escribirá sus reflexiones. Y muchas cosas más. Le falta, sin embargo, un reto por vencer. Una computadora. No se deja desanimar. Y se computariza. La computadora no se deja mangonear. Todavía no sabe quien manda a quién. Él a la computadora, o la computadora a él. Concluye que finalmente la computadora ha decidido dejarlo por imposible y seguirle la corriente. Porque gracias a ella es que ha escrito también sus estampas cubanas.

Y contestando la interrogación abierta al principio acerca de la idiosincrasia cubana, no creo que haya nada en nosotros los cubanos que no tengan otros pueblos. Nada genético. Al menos predomina lo adquirido. Así, observen cómo los hijos de inmigrantes de todas partes, con sólo nacer y vivir en Cuba, piensan y actúan como los demás cubanos.

Índice